JN060826

発見・運命の赤い糸

Masashi Fujii

藤井政志

文芸社

目　次

プロローグ

　それは、平成10年5月の出来事でした。

　松田聖子さんが波多野浩之氏と結婚。「ビビビ婚」なる流行語をも生み出し、日本中を沸かせました。記者会見での松田さんのコメントです。

「私はもう、最初に会った時に、さっきあのちょっとお話ししました、そのビビビが凄かったので。あの、よく人の話では聞きますよね。なんかビビビって電気が走ったって。でも本当に、自分が身をもって体験したって感じなんですね。それでなんかこう、初めて会ったって感じがしなかったんですよ。前にどこかで会ってるっていうか、だからちょっと言葉で説明するのは、とてもむずかしいですけど」

　松田さん以前に、ほぼ同じエピソードを語られていたのは、平成5年の小柳ルミ子さんです。おふたりの共通点は、お相手の男性が年下で、体験時期が三十代後半ということです。

　その時期に、同じビビビ体験をしたのが、私なのですが、その回数が5回にも達しています。原因があるから起こるわけで、それをずっと追究していました。その甲斐あって、答えは出ました。しかし、それを発表するには、全ての人を実名で書かねばならず、ある程度の年月を経過させる必要があり、今日に達しました。

ビビビと来た五人の姓

　一人目は、平成5年5月。近所の行きつけの書店でバイトをしていた短大一年生の女性で、姓は小野、レジカウンターの中に立つ彼女を初めて見た時のことでした。

　二人目は、平成6年2月。当時、夜間勤務の代行運転の仕事をしていた私ですが、日中のバイトもしようと、とある図面コピー会社へと行きました。時間は十三時から十七時まででした。そこでの初日、パートの女性にビビビと来ました。二十八歳、姓は児玉です。

　三人目は、平成6年6月、一人目の小野さんのいた同じ場所。社会人一年目の十九歳、姓は杉田です。

　四人目は、平成6年10月。小野さんと杉田さんのいた書店の別の支店でバイト、十九歳で姓は溝口です。

　五人目は、平成7年2月。二人目の児玉さんのいた会社で二年連続のバイト。春休みを利用してバイトに来ていた大学一年生。姓は横田です。

　児玉さんが二十八歳と突出している他は、全員が十九歳で、身長も百五十センチ台の小柄な女性ばかりでした。メガネをかけていたのは小野さんで、レンズ越しにも発生したビビビ現象でした。場所は、書店とコピー会社のただの二箇所です。

その他の出会い

　平成6年9月、クレーンゲームにハマり、通っていたセガワールド店員の丸山さん。可愛らしい人で、とても好きになりました。ところが12月に辞め、岡山市内のとある料理店へ転職しました。

　小野、児玉、杉田、丸山、溝口、横田と五十音順に現れています。「よ」で終わりかな、いや、まだ「わ」が残っているなどと思っていたら、意外な形で、それが現実のものとなります。

　近所のリサイクルショップへ行った時のことでした。CDコーナーの中にあった、日本初の二枚組CDアルバム『Lovin' you』のジャケット写真に一目惚れ。その存在を知らなかったのですが、それは渡辺美里さんで、写真の中の彼女は十九歳。即座に買い求め、ファンクラブにも入会しました。

　過去の一目惚れ体験は、一般人女性ではゼロですが、有名人女性では、美里さんの他にあと二人います。

　一人目は、昭和52年。雑誌『ファンロード』の記事の中の写真。奇想天外SF新人賞を受賞した新井素子さん。

　二人目が前述の渡辺美里さん。

　三人目は、平成12年。バラエティー番組の『わらいのじかん』にて、はにかむように登場した釈由美子さん。

藤井のＤＮＡ

　最初に頭に浮かんだのは、隔世遺伝です。家系的な何か
が、ビビビを引きおこすのではないかと思ったわけです。祖
父は藤井、ここから話をすすめていきます。

　父は、岡山県井原市出身ですが、それより前は、まったく
わかりません。家紋は「下がり藤」で、それだけで追ってみ
ると、ひとつ見当たります。なお、下記以降の算用数字は全
て『姓氏家系大辞典』の項目です。

「21　武蔵の藤井氏　足立郡の藤井氏は下がり藤」

　藤井の苗字順位は、岡山県十位で広島県二位とのこと。井
原市は広島県に近く、こちらから分家とも考えられます。

「37　安芸の藤井氏　高田郡西浦村　藤井源兵衛」

　高田郡は、かつて広島県北西部に存在、現在の安芸高田市
と広島市安佐南区と三次市の一部です。

正本のＤＮＡ

　もうひとりの祖父、母の父は正本です。少ない部類に入る
姓のため、どの関連本を見ても載っていません。家紋は「丸
に片喰」というものです。そんな矢先、金園社発行『姓氏苗
字事典』に、ヒント的な一文を見つけました。

「佐橋　秀郷流佐野氏族で佐野基綱の子孫、上野国舟橋庄か
ら起り、佐野と舟橋の頭文字から佐橋と称した。

　杉浦　鎌倉時代の侍別当和田義盛の子杉本義国が、和田氏

滅亡のとき近江に移り、三浦と杉本の一字ずつを取って杉浦と称し、子孫が三河に転じた。」

　一字ずつ取る法則で、現在ある姓の何割かが存在しています。この方法で、正本を割り出します。

「正木　出自は桓武平氏三浦氏流で北条早雲に敗れた三浦道寸の孫時綱が安房に逃れ、平群郡正木に住んで称した。後に里見氏と同盟を結び、房総の豪族となるが里見氏の滅亡と運命を共にした。

　宮本　安房国安房郡の宮本城は戦国初期里見氏の支流であるが、家臣宮本宮代が城代として守備していた。」

　正木の正と宮本の本で正本です。宮本の歴代の家紋の中に「丸に片喰」があるのです。共通項は、それだけでなく、里見氏と安房。

　正本の墓のまわりに、別流の正本の墓。そこにあった家紋は、三浦の代表紋である「三引両」でした。

　高校時代、同学年で好きだったのが、キリンレモンのイメージガールでデビューした三浦リカさん。本家筋にあたる人だったわけです。三浦さんは『水戸黄門』の最多ゲスト出演とのこと、まさに里見氏と運命を共にしていました。

大平のDNA

　祖母（父の母）は大平で、井原市内から嫁いできたとのこと。この姓もまた、それ以前が不明です。大辞典を見ると、香川県に出自がありました。

「１　秀郷流藤原姓近藤氏流　讃岐国三野郡の豪族」

　三野郡は現在の三豊市ですが、過去に近くの仁尾町を訪れ

ていました。

　昭和54年から、三歳年下で当時高校生の女性と文通していました。彼女の高校の同級生だったのが、タレントの伊藤範子さん。その後、日高のり子と改名し、昭和56年に仁尾町で開催された仁尾太陽博のイメージソングである『初恋サンシャイン』を歌います。開会式に日高さんが来場する報を聞きつけ、仁尾の地を訪れたわけです。レコードジャケットに残るサインと日付。その歌詞が、のちの自分を暗示するような思わせぶりな内容なのです。

　　　　生まれる前から知っていた
　　　　そんな気がする二人の出会い
　　　　目と目がカチンと合ったとたん
　　　　ハートにカラーが付いたのよ

　さらに、大平に絡んで、シンクロニシティな出来事が発生します。

　平成8年12月6日、岡山中央図書館へ行き家系関連の本を読んでいました。『香川県人物事典』なる本を見つけ、以前より気になっていた大平正芳氏の項をコピーし、帰宅して読んでいると、昭和53年12月6日自民党総裁就任──の文字、狙いすましましたように、その日でした。

　その二日後の12月8日、父が死去。元来の酒好きで、肝硬変を患いながらも、酒がやめられずでした。酔ったみっともない姿などを見て育ちました。反面教師とでもいおうか、私はほとんど飲みません。

　大平氏のエピソードの中に、酒をまったく飲まずクリスチャンであった。というものがありました。

　同じ大平である祖母の送ってきた隔世遺伝子が、これだったのではないかと思っています。

矢吹と秋山のＤＮＡ

　祖母（母の母）は矢吹で、この姓はふたつ記載されていました。

「1　清和源氏石川氏族　白河郡矢吹邑より起こる。石川有
　　光、弟光頼。

　2　難波氏族　美作国勝南郡和気庄行延邑の豪族。」

　小学五〜六年の担任が難波先生で、これも縁がありました。

　正本の墓誌の中にあったものの一つが秋山です。六代前の正本〇〇郎、その戒名が「秋山居士」と刻まれていました。これは秋山から養子に来たとか、分家であることを伝えるべく残したものかもしれません。少なからず秋山の血が入っているとすれば、納得出来る事象が過去に起こっていました。

　小学六年生の時に、ジョージ秋山先生にファンレターを送っていました。お返事といえば、印刷で『灰になる少年』の連載告知でしたが、子供心に嬉しかったものです。

　あきやま耕輝先生の絵のタッチも好きで、『白い風』は全巻購入しています。

　秋竜山先生の作風も好きでした。本名が秋山好文です。三人のマンガ家の秋山すべてを好きになっていました。

　昭和59年、英知出版発行の秋山紀子さんの写真集『影ぼうし』も本棚にあります。これも秋山の姓で選んだわけではなく、惹かれるものがあって買ったものです。

　代行運転の会社の経営者が野口で、その奥さんの旧姓が秋山でした。

藤井との共通項

　藤井とビビビの五姓とに共通するものを探すと、以下のようなものが見つかりました。
「藤井　32　村上源氏　魚住氏の裔也。
　小野　30　清和源氏村上氏流　村上為国十三男。
　児玉　 6　村上源氏。
　杉田　 1　清和源氏深栖氏族　松崎太郎重貞の子重茂、坂
　　　　　　田と称す。
　坂田　14　村上源氏。」
　杉田の祖が坂田であり、三姓に村上の表記がありました。
　藤井の祖に、村上源氏の魚住氏、このふたつがつながるテレビ番組があります。それは『マグマ大使』で、マグマのスーツアクターが魚住鉄也氏です。マグマを呼ぶ少年は村上マモル。さらに面白いことに、敵役のゴアの声は、自ら着ぐるみに入り演技もされた大平透氏です。祖母が大平である自分の中に、敵と味方が同居していたわけです。
　村上源氏ということは村上水軍で、一方の大平は讃岐の河野水軍です。豪華客船を舞台とするドラマ『熱烈的中華飯店』は毎週録画していました。好きなアニメは『小さなバイキングビッケ』です。血が騒ぐというのは、こういうことだったのです。

近くにいた姓

　安芸の高田郡に藤井がいたのは先に記しましたが、そこに横田もいました。

「横田　19　安芸　芸藩通誌、高田郡條に横田氏。」

　さらに、下がり藤の藤井のいた足立郡。

「横田　3　武蔵　足立郡榎戸村の名族。」

　ここで横田から離れ、新たな二姓で、地元の岡山県に戻ります。その鍵を握るのは、早瀬と古田、過去にとっても好きになった二姓です。

　早瀬は『地球戦隊ファイブマン』で、ファイブイエローに変身する星川レミを演じられた早瀬恵子さん。

　古田は知る人も少ない女性。昭和55年11月26日に放映された『特捜最前線』の「終列車を見送る女！」で、被害者の白井清子の妹の正子を演じられた古田千鶴さん。何故か惹かれるものがあり、この話はよく再生して見ていました。

　彼女たちを好きになったのは、以下のような事象でした。いつの時代かさえ分からないのですが、藤井の近くにいるのです。

「藤井　33　勝南郡監湯郷。勝北郡植月郷植月北邑日吉山正宮正神宮。小吉野庄河原邑の名族。

　古田　11　勝南郡監湯郷明見村の名族。大庄屋古田次郎兵衛。

　早瀬　3　勝北郡植月郷北村庄屋。」

　そして、岡山市内で出会った姓もいます。

「杉田　10　勝北郡小吉野庄杉原邑庄屋。

　丸山　14　勝北郡小吉野七箇大社天正四年棟札、脇頭藤原
　　　　　　朝臣丸山源兵衛吉住と見ゆ。
　横田　18　勝北郡小吉野七箇大社棟札、大願主横田左金吾
　　　　　　藤原朝臣、同七右衛門延次とあり。」
　美作の三箇所に藤井があり、そこに古田と早瀬もいました。後裔の恵子さんと千鶴さんがテレビ画面に現れ、気を惹かれます。丸山と横田は七箇神社に棟札を残していました。
　古い地名を現在の地名に直し、それに姓を加えてみます。近さを示すものとして、郵便番号も記します。
　　707-0062　美作市湯郷の藤井
　　707-0003　美作市明見の古田
　　707-0133　美作市杉原の杉田
　　709-4331　勝田郡勝央町植月北の藤井
　　709-4331　勝田郡勝央町植月北の早瀬
　棟札の丸山と横田も勝央町かその近くで出会っている可能性があります。
　そして、ビビビの一人目は、地名を残していました。
　　709-4203　美作市小野

郷愁の地

　ドラマ『僕の生きる道』を視聴していた時のことです。第七話で、中村秀雄の実家まで追ってゆく秋本みどりのエピソード。映し出された風景を見ていると、ノスタルジーな気分になってくるのです。そのロケ地は、山梨県韮崎市と北杜市です。
　　407-0015　韮崎市若宮

407-0024　韮崎市本町

407-0041　韮崎市神山町武田

　この中でも特に、武田の王仁塚の桜を中心にした田園風景と武田八幡神社に郷愁を感じました。そして、その答えは韮崎市の地名にあったのです。

407-0001　韮崎市藤井町駒井

407-0002　韮崎市藤井町坂井

407-0003　韮崎市藤井町北下條

407-0004　韮崎市藤井町南下條

　美作における藤井と同じ状況で、この市にある藤井は、ここに藤井がいたことのあかしです。庄屋の娘さんの顔ではなく、村の風景を脳の奥底に眠らせていました。

　この藤井の出自は、以下のものです。

「藤井　19　秀郷流藤原姓　もと高根氏、武田信玄の家臣新兵衛吉政（勝永、道源）の男大兵衛勝重、母姓を冒して藤井と称し、家康に仕ふ。」

　この藤井も祖の中のひとりと思えます。武田家臣であるならば、武田八幡神社へ行っている回数は、一度や二度ではないということです。文中にある「もと高根氏」の表記ですが、北杜市に高根町があります。地名は全部で十五箇所で、韮崎市の隣に位置します。

現在の地名への変換

　事典の中の出自は古い地名であり、それは現在の地名に変換出来ます。藤井の出自を地名にすると、以下のように分かり易くなります。

「18　守部姓守藤氏族　鎌田兵衛尉政家の男俊長・伊豆に来たり、藤井と称す。

　　421-0133　静岡市駿河区鎌田

　20　清和源氏井上氏族

　　311-3516　行方市井上藤井

　22　秀郷流藤原姓小山氏族　下野国都賀郡藤井邑より起る。

　　321-0221　下都賀郡壬生町藤井

　25　岩代の藤井氏　伊達郡平澤村発掘陶器承安元年銘に藤井求遠なる人見ゆ。

　　969-1654　伊達郡桑折町平沢

　26　利仁流藤原姓斎藤氏族　能登国藤井邑より起る。

　　929-1633　鹿島郡中能登町藤井

　27　越中の藤井氏　砺波郡下梨。

　　939-1923　南砺市下梨

　29　丹波の藤井氏　氷上郡井原村、多紀郡大芋庄福井村に藤井氏の名族あり。

　　669-3143　丹波市山南町井原

　　669-2603　丹波篠山市福井

　31　三宅氏族　備前国邑久郡藤井邑より起る。

　　703-8213　岡山市東区藤井

　41　讃岐の藤井氏。

　　761-8024　高松市鬼無町藤井

　44　肥後の藤井氏。

　　861-0381　山鹿市藤井」

　特定に至らなかった藤井の地名、既出のものと併せて列挙すると、これだけのものがあります。

　　098-5563　枝幸郡中頓別町藤井

311-4201　水戸市藤井町
311-3516　行方市井上藤井
311-3517　行方市藤井
321-0221　下都賀郡壬生町藤井
348-0064　羽生市藤井上組
348-0065　羽生市藤井下組
290-0012　市原市藤井
945-0114　柏崎市藤井
929-1633　鹿島郡中能登町藤井
919-1311　三方上中郡若狭町藤井
407-0001　韮崎市藤井町駒井
407-0002　韮崎市藤井町坂井
407-0003　韮崎市藤井町北下條
407-0004　韮崎市藤井町南下條
409-1314　甲州市勝沼町藤井
444-1164　安城市藤井町
596-0046　岸和田市藤井町
669-5333　豊岡市日高町藤井
632-0025　天理市藤井町
639-2137　葛城市南藤井
633-2123　宇陀市大宇陀藤井
635-0112　高市郡高取町藤井
636-0014　北葛城郡王寺町藤井
649-1341　御坊市藤田町藤井
649-6514　紀の川市藤井
703-8213　岡山市東区藤井
761-8024　高松市鬼無町藤井
861-0381　山鹿市藤井

　加えて、地名を残さずながらも、藤井のいた地は以下のとおりです。

　　969-1654　伊達郡桑折町平沢
　　939-1923　南砺市下梨
　　421-0133　静岡市駿河区鎌田
　　669-2603　丹波篠山市福井
　　669-3143　丹波市山南町井原
　　707-0062　美作市湯郷
　　709-4331　勝田郡勝央町植月北
　　709-4302　勝田郡勝央町河原
　　731-0543　安芸高田市吉田町西浦

　そして、祖父のいた（父の出身）地がここです。

　　715-0003　井原市東江原町

藤井と大平を結ぶもの

　大平の地も現在の地名に変換します。
　21　秀郷流藤姓蓮池氏流　高岡郡蓮池城、吾川郡は本山五千貫。

　　781-1601　吾川郡仁淀川町大平
　　781-1333　高岡郡越知町大平

　3　宇都宮氏流　下野国都賀郡及び芳賀郡に大平村あり、此等より起りしならん。

　　329-4425　栃木市大平町新
　　321-4103　芳賀郡益子町大平

　5　橘姓　近江国坂田郡大平邑より起る。もと岩室を称す。

520-3401　甲賀郡甲賀町岩室

　6　田村氏流　岩代国田村郡大平邑より起る。

963-7706　田村郡三春町大 平<rp>（おおだいら）</rp>

『姓氏家系大辞典』に、大平の出自は９項目しか載っていません。にもかかわらず、地名は「おおひら」と読むものが48箇所、「おおだいら、おおたい、たいへい、おおびら、おおたいら」と読むものが59箇所にも達しています。数が多いので、転記はしないですが個人個人で、祖父母は違いますので、自分自身で調べて、把握しておくのがよいです。

　ここで、藤井と大平の近い地を探します。

321-0221　下都賀郡壬生町藤井

321-4103　芳賀郡益子町大平

421-0133　静岡市駿河区鎌田の藤井

424-0411　静岡市清水区大平

444-1164　安城市藤井町

444-0007　岡崎市大平町

861-0381　山鹿市藤井

861-1683　菊池市大平

861-3811　上益城郡山都町大平

　坂田郡の大平に「もと岩室」の表記がありました。その岩室も奈良県内において、藤井の近くに存在していました。

632-0025　天理市藤井町

632-0076　天理市岩室町

633-2123　宇陀市大宇陀藤井

633-2116　宇陀市大宇陀岩室

　奈良県の地名は、奈良時代には成立しているでしょう。祖父と祖母の糸は、奈良時代まで達しました。

宮本と高倉の地

　同じ事を正木と宮本でやるとこういう結果になります。
　　　292-1174　君津市正木
　　　289-2103　匝瑳市宮本
　　　289-0614　香取郡東庄町宮本
　　　743-0073　光市室積正木
　　　744-0031　下松市生野屋（宮本）
　次に、正木と宮本に矢吹を組み合わせようとしたのですが、矢吹の地名は福島県内にある一箇所のみで出来ずじまい。矢吹はその後どこの家系に入ったのかがわからず、十年余りが過ぎました。
　平成21年2月のこと、改めて図書館で『姓氏家系大辞典』を見ていて、ひとつ引っかかる箇所を発見しました。それは、横田と丸山も残していた棟札で、矢吹の場合は、それが寺でした。
「伊具郡高蔵寺棟札、大旦那源朝臣義宗、奥州石川郡司、御代宮矢吹十兵衛、慶長十年乙巳正月十三日、起之」
　高蔵寺の読みは「こうぞうじ」で、現在の所在地は角田市高倉です。そして、同じ読みの高蔵寺が、いわき市高倉町にも存在しています。その近くに、矢吹町があります。
　　　974-8204　いわき市高倉町鶴巻　高蔵寺
　　　981-1516　角田市高倉　高蔵寺
　　　969-0236　西白河郡矢吹町矢吹
　矢吹町として栄えたものの、地名は一箇所です。その系は、高倉へと受け継がれたと思えてきました。正本の先の宮

本と高倉の地名の近いものをピックアップします。

068-2156　三笠市宮本町

068-1124　石狩郡新篠津村高倉

313-0006　常陸太田市宮本町

313-0353　常陸太田市上高倉町

313-0352　常陸太田市下高倉町

289-2103　匝瑳市宮本

289-0122　成田市高倉

604-8353　京都市中京区宮本町

604-0801　京都市中京区鍵屋町丸太町通高倉東入

591-8006　堺市北区宮本町

590-0117　堺市南区高倉台

655-0028　神戸市垂水区宮本町

654-0081　神戸市須磨区高倉台

　広い北海道においても極めて近くで、六箇所で宮本と高倉は近隣同士でした。

　高蔵寺に絡んでのシンクロニシティがありました。

　中学三年から高校三年までの間に、ファンクラブに入会したのは、岡崎友紀さん、浅田美代子さん、相本久美子さん、早乙女愛さん（本名は瀬戸口）の四人です。

　愛知県環状鉄道線の最終駅が高蔵寺、始発駅が岡崎、二十駅目が瀬戸口でした。

　高倉ということになると、藤原北家ですが、矢吹がそれであるという記述は何処にもありません。高蔵寺の棟札から解けた矢吹のその後でした。

藤井と六姓の地

　ビビビと来た五姓と丸山、藤井と近い地をピックアップし
ていきます。
　小野と藤井
　　668-0201　豊岡市出石町奥小野
　　668-0202　豊岡市出石町口小野
　　669-5333　豊岡市日高町藤井
　　709-4203　美作市小野
　　709-4331　勝田郡勝央町植月北の藤井
　次に児玉ですが、地名が少なくて合う箇所がありません。
玉の付く地名と合わせてみました。
　　669-5213　朝来市和田山町玉置
　　669-5333　豊岡市日高町藤井
　　861-3927　上益城郡山都町玉目
　　861-0381　山鹿市藤井
　杉田と藤井
　　671-4139　宍粟市一宮町杉田
　　669-5333　豊岡市日高町藤井
　　707-0133　美作市杉原の杉田
　　707-0062　美作市湯郷の藤井
　溝口と藤井
　　669-1344　三田市溝口
　　669-5333　豊岡市日高町藤井
　　731-2202　山県郡北広島町溝口
　　731-0543　安芸高田市吉田町西浦の藤井

横田と藤井
- 321-0105　宇都市横田新町
- 321-0221　下都賀郡壬生町藤井
- 929-2226　七尾市中島町横田
- 929-1633　鹿島郡中能登町藤井
- 669-3465　丹波市氷上町横田
- 669-5333　豊岡市日高町藤井
- 731-0611　安芸高田市美土里町横田
- 731-0543　安芸高田市吉田町西浦の藤井

丸山と藤井
- 444-0006　岡崎市丸山町
- 444-1164　安城市藤井町
- 669-2361　丹波篠山市丸山
- 669-2603　丹波篠山市福井の藤井

正木、宮本と五姓の地

小野と正木
- 501-1174　岐阜市小野
- 502-0857　岐阜市正木
- 502-0881　岐阜市正木北町
- 502-0882　岐阜市正木中

児玉、横田と正木
- 451-0066　名古屋市西区児玉
- 456-0022　名古屋市熱田区横田
- 460-0024　名古屋市中区正木

溝口と正木

501-2551　岐阜市溝口

502-0857　岐阜市正木

丸山と正木

464-0843　名古屋市千種区丸山町

460-0024　名古屋市中区正木

743-0041　光市丸山町

743-0073　光市室積正木

小野と宮本

515-2341　松阪市小野町

515-1614　松阪市飯高町宮本

横田と宮本

321-0105　宇都宮市横田新町

321-0163　宇都宮市宮本町

420-0835　静岡市葵区横田町

422-8065　静岡市駿河区宮本町

879-1122　宇佐市横田

879-2435　津久見市宮本町

丸山と宮本

273-0048　船橋市丸山

273-0003　船橋市宮本

299-2508　南房総市丸山平塚

299-2413　南房総市富浦町宮本

943-0844　上越市丸山新田

942-0172　上越市頸城区宮本

601-1442　京都市伏見区小栗栖丸山

600-8003　京都市下京区御旅宮本町

653-0875　神戸市長田区丸山町

655-0028　神戸市垂水区宮本町

高倉と六姓の地

小野と高倉
 289-0106 成田市小野
 289-0122 成田市高倉
 283-0821 東金市小野
 283-0022 東金市高倉
 590-0001 堺市堺区遠里小野町
 590-0117 堺市南区高倉台
 669-2522 丹波篠山市小野奥谷
 669-2523 丹波篠山市小野新
 669-2812 丹波篠山市高倉

児玉（小玉）と高倉
 518-0866 伊賀市上野小玉町
 518-0025 伊賀市西高倉
 518-0024 伊賀市東高倉

杉田と高倉
 964-0865 二本松市杉田町
 963-0713 郡山市中田町高倉

溝口と高倉
 669-1344 三田市溝口
 669-2812 丹波篠山市高倉

横田と高倉
 669-3465 丹波市氷上町横田
 669-2812 丹波篠山市高倉

丸山と高倉

192-0021　八王子市丸山町
192-0033　八王子市高倉町
948-0075　十日町市丸山町
948-0217　十日町市高倉
669-2361　丹波篠山市丸山
669-2812　丹波篠山市高倉

ビビビと来ていない丸山が、すべて同市内でした。

大平と四姓の地

小野と大平
230-0046　横浜市鶴見区小野町
231-0859　横浜市中区大平町
431-1301　浜松市北区細江町小野
432-8068　浜松市西区大平台
520-0525　大津市小野
520-0867　大津市大平
861-3522　上益城郡山都町白小野
861-3452　上益城郡山都町田小野
861-3811　上益城郡山都町大平
杉田と大平
964-0865　二本松市杉田町
964-0869　二本松市大平山
235-0033　横浜市磯子区杉田
231-0859　横浜市中区大平町
782-0001　香美市土佐山田町杉田
782-0078　香美市土佐山田町大平

横田と大平

321-4501	真岡市横田
321-4103	芳賀郡益子町大平
682-0946	倉吉市横田
682-0042	倉吉市大平町
861-4606	上益城郡甲佐町横田
861-3811	上益城郡山都町大平

丸山と大平

444-0006	岡崎市丸山町
444-0007	岡崎市大平町
682-0852	倉吉市丸山町
682-0042	倉吉市大平町
779-3505	吉野川市美郷丸山
779-3501	吉野川市美郷大平
805-0052	北九州市八幡東区西丸山町
805-0051	北九州市八幡東区東丸山町
805-0038	北九州市八幡東区大平町

丸山との同市内が数多く、岡崎市においては隣同士でした。

秋山と六姓の地

秋山の地名は十六箇所あります。郵便番号上三桁の誤差3で、ピックアップしてみました。

小野と秋山

963-3400	田村郡小野町
960-1409	伊達郡川俣町秋山

402-0024　都留市小野

400-0424　南アルプス市秋山

児玉と秋山

367-0212　本庄市児玉町児玉

367-0213　本庄市児玉町秋山

杉田と秋山

782-0001　香美市土佐山田町杉田

781-0321　高知市春野町秋山

丸山と秋山

271-0084　松戸市二十世紀が丘丸山町

270-2223　松戸市秋山

420-0861　静岡市葵区丸山町

420-0948　静岡市葵区秋山町

877-0008　日田市丸山

877-0001　日田市秋山町

溝口と秋山

739-2123　東広島市高屋町溝口

739-1414　広島市安佐北区白木町秋山

横田と秋山

962-0121　須賀川市横田

960-1409　伊達郡川俣町秋山

420-0835　静岡市葵区横田町

420-0948　静岡市葵区秋山町

　数の少ない児玉と隣同士、丸山が一番多いという結果です。そして、最も近い地が全て異なっています。

高橋と六姓の地

『姓氏苗字事典』の宮本の項で発見した一文です。

「越後の一の宮弥彦神社は同地方の名社だが大宮司の次の上条神主に、宮本氏の名が見える。大宮司家は孝元天皇―大彦命の子孫高橋氏であり、同社宮本氏も大彦族高橋氏系と考えられる。」

　宮本の先は高橋とのことで、それとの組み合わせです。六姓を府県別にまとめました。

　宮城
　　　985-0834　多賀城市丸山
　　　985-0853　多賀城市高橋
　栃木
　　　321-4501　真岡市横田
　　　321-3313　芳賀郡芳賀町東高橋
　　　321-3315　芳賀郡芳賀町西高橋
　富山
　　　939-2302　富山市八尾町杉田
　　　939-2317　富山市八尾町丸山
　　　939-2462　富山市八尾町高橋
　岐阜
　　　503-0803　大垣市小野
　　　503-0896　大垣市高橋町
　愛知
　　　471-0832　豊田市丸山町
　　　471-0019　豊田市高橋町

京都
　　601-0134　京都市北区小野岩戸
　　603-8374　京都市北区衣笠高橋町
兵庫
　　679-2161　姫路市香寺町溝口
　　679-2216　神崎郡福崎町高橋
鳥取
　　689-4113　西伯郡伯耆町小野
　　689-4108　西伯郡伯耆町丸山
　　689-4201　西伯郡伯耆町溝口
　　689-1435　八頭郡智頭町横田
　　689-3134　西伯郡大山町高橋
山口
　　745-0005　周南市児玉町
　　744-0273　下松市瀬戸（高橋）
愛媛
　　794-0814　今治市横田町
　　794-0066　今治市高橋
　複数の地は、富山県と鳥取県でした。

すべてがつながる地

　山鹿市に藤井があります。山鹿の出自は以下のとおりです。
「山鹿氏　肥後〔菊池氏族〕山鹿郡山鹿（今鹿本郡）より起こる。」
　矢吹十兵衛の残した棟札に、高蔵寺の文字がありました。

同じ宗派の高蔵寺は、角田市といわき市にあり、その所在
が、いずれも高倉町です。
「高倉氏　肥後〔菊池氏族〕菊池系図に「赤星経親の子経
泰、高倉三郎」と見える。」
　赤星の地名は、菊池市にある一箇所のみです。
　一回目のビビビの一年前、思うところがあり、小中学校の
同窓会活動を始めました。出身中学へ行き、当時の名簿十二
クラス分をコピーしてもらい、そこにある保護者名を元に、
図書館の全国の電話帳で調査していました。
　同級生の一人、菊池さんの実家は、正本の墓のある寺で、
嫁ぎ先を聞きに訪ねました。
　正本→宮本→高橋、矢吹→高倉→赤星、藤井、大平、四つ
の家系がたどり着いた場所。
　　861-0381　山鹿市藤井
　　861-1683　菊池市大平
　　861-0303　山鹿市鹿本町高橋
　　861-1311　菊池市赤星
　父系が山鹿市、母系が菊池市に存在していました。すべ
て、郵便番号が861-の地にあるわけです。
　　861-0125　熊本市北区植木町小野
　　861-0546　山鹿市坂田
　　861-4606　上益城郡甲佐町横田
　ビビビのうちの三姓が、861-の地にありました。藤井がこ
こにいた時に、出会っているわけです。

小柳と大澄、蒲池と波多野の地

「1　大和の小柳氏　式下郡の小柳邑より起こる。」
　この出自も現在の地名に直すと、ここになります。
　　636-0216　磯城郡三宅町小柳
　小柳の地名は、十四箇所で、この他に小柳津という地があります。これは、小柳の津の意のようで、加えても差し支えないと思われます。
　大澄という地名は皆無で、大住しかありません。大住の分かれで、大澄と字が変わっているわけです。
　小柳と大住の近い地をピックアップするとこのようになります。
　　425-0073　焼津市小柳津
　　425-0072　焼津市大住
　　612-8385　京都市伏見区下鳥羽小柳町
　　610-0343　京田辺市大住
　　567-0852　茨木市小柳町
　　567-0813　茨木市大住町
　焼津市において隣同士、他に二箇所が近いです。大住の「大」は、大和の「大」ではないかと推測します。そこから弾き出される地名はここです。
　　861-0324　山鹿市鹿本町小柳
　　861-0143　熊本市北区植木町大和
　　861-0131　熊本市北区植木町広住
　大和の「大」と広住の「住」で、大住が出来ます。そして、ビビビ体験をした私と小柳さんの地名が、山鹿市にある

のです。

　松田聖子さんの本名は蒲池、これを「かまち」と読む地は、福岡県柳川市にある一箇所のみです。蒲池の先を考えてみますと、蒲生が浮上します。そして、それがある地です。

　　861-0523　　山鹿市蒲生

　もうひとつの姓は菊池、つまり蒲生の「蒲」と菊池の「池」で蒲池です。どっかで会ったことがある。それは菊池だった時ではないでしょうか。

　　869-1200　　菊池郡大津町

　　869-3205　　宇城市三角町波多

　おふたりの糸は、このようになります。波多野の「野」は、小野の「野」かもしれません。

　　861-0381　　山鹿市藤井

　　861-0324　　山鹿市鹿本町小柳

　　861-0523　　山鹿市蒲生

　三つの姓が、山鹿市に存在しています。これはもう、偶然ではないと思われます。

発見に至るまで

　平成8年に追究を始め、関連本を読み漁りました。法則を見つけたのは、平成11年で西暦では1999年、つまり世紀末でした。

　自分の姓と同じ地名が日本全国にあり、好きになる異性、親友、ファン的感情、影響を受ける人などの姓が、地名としてその近くにあり、それが大体の人に当てはまっているわけです。

　藤井という地名は、どの位あるのかと、郵便番号のサイト
で検索したところから始まります。茨城県水戸市に藤井町が
ありました。次に郵便番号簿で水戸市全体をみると、そこに
笠原町があるわけです。高校時代に好きだった同級生が笠原
さんでした。

　先に記した美作市と勝田郡のくだりも、その延長線上に
あったもので、直接の発見に至った姓は笠原です。その笠原
は、水戸市の他に、福井県において、藤井の近くに存在して
います。

　　310-0852　水戸市笠原町
　　311-4201　水戸市藤井町
　　919-2216　大飯郡高浜町笠原
　　919-1311　三方上中郡若狭町藤井

上三桁が一つ違いの同市内と上三桁が同じの別市内です。

　なるほど、そういうことだったのかと色々と探しました。
地名は最初に開拓したとか支配した人の姓が付けられてい
る、という風な思考です。平たくいえば、町名そのものを一
つの家として見ます。そこで、私自身の過去から検証してみ
るとします。

　高校時代にもう一人、印象に残る女性がいました。遠目に
視線を送ってきた青葉さん。

　　312-0056　ひたちなか市青葉町
　　311-4201　水戸市藤井町
　　299-0117　市原市青葉台
　　290-0012　市原市藤井
　　944-0150　上越市板倉区青葉
　　945-0114　柏崎市藤井
　　762-0037　坂出市青葉町

761-8024　高松市鬼無町藤井

四箇所で近くにあり、同市内の市原市の誤差が9と、一番大きいです。

小学一年生の時、同じクラスの吉川(きっかわ)さんと結婚すると言っていました。「よしかわ」の読みが変わった分家です。

311-1711　行方市吉川

311-3517　行方市藤井

三つ子の魂百まで、といわれるように、この行方市の地名の姓から選べ、ということでしょうか。

中学二年生の時には、同じクラスの井上さんを好きになりました。

311-3516　行方市井上藤井

444-1225　安城市和泉町（井上）

444-1164　安城市藤井町

ビビビを解明しようとしたら、思わぬ出口へと。これまでの相性占いのすべてを打ち破るものです。

一目惚れの地（新井）

新井素子さんに一目惚れしてしまった私ですが、こういうことです。

290-0522　市原市新井

290-0012　市原市藤井

さらに、正木町の中にあります。

501-6225　羽島市正木町新井

市原市だけなら、そうでもなかったかもしれません。それで、これも理解しがたい現象でしょうか。素子さんの本を読

まない、買わない。文体は好きってわけではない。素子さん
の仕事に興味がなかったのです。

　素子さんは、月刊バラエティで『ひでおと素子の愛の交換
日記』を連載されており、その担当の編集者の姓が秋山氏で
した。

　　　367-0213　本庄市児玉町秋山
　　　367-0075　本庄市新井

　素子さんは、平井和正氏のファンでした。

　　　328-0054　栃木市平井町
　　　328-0061　栃木市新井町

　そして、結婚相手は手嶋政明氏です。手嶋の地名は無いの
で、手島を探して組み合わせます。これが、おふたりの赤い
糸と呼べるものです。

　　　998-0817　酒田市熊手島
　　　998-0041　酒田市新井田町
　　　942-0207　上越市頸城区手島
　　　943-0642　上越市牧区荒井

　三文字の地名の成り立ちも、これで解けるわけです。熊＋
手島であり、熊手＋島ではないということです。新井でな
く、荒井なのも興味深いところです。

一目惚れの地（中村）

　中村雅俊氏が五十嵐淳子さんに一目惚れ、結婚されまし
た。

　　　077-0023　留萌市五十嵐町
　　　079-0272　美唄市中村町中央

039-2602　上北郡東北町五十嵐

039-2539　上北郡七戸町中村

959-1833　五泉市五十嵐新田

959-1376　加茂市中村

942-0135　上越市頸城区五十嵐

942-0123　上越市頸城区下中村

794-0861　今治市五十嵐

794-0111　今治市玉川町中村

　五十嵐の地名は全国に七箇所ですが、そのうちの五箇所の近くに中村があり、三箇所で同じ郡と市でした。

　中村氏の出世作は『われら青春！』で、岡田晋吉氏のプロデュースによるものです。そこで岡田と中村を組み合わせます。

036-0122　平川市尾崎岡田

036-0211　平川市高木岡田

036-0203　平川市南田中中村井

036-0203　平川市南田中村内

956-0826　新潟市秋葉区岡田

956-0036　新潟市秋葉区中村

942-0102　上越市頸城区岡田

942-0123　上越市頸城区下中村

930-1322　富山市岡田

930-2124　富山市山田中村

　同市内が四箇所で、上三桁が同じで別市内は以下のとおりです。

300-2743　常総市岡田

300-0849　土浦市中村西根

300-0850　土浦市中村東

　　　300-0843　土浦市中村南
　　　518-0223　伊賀市岡田
　　　518-0444　名張市箕曲中村
　　　518-0615　名張市美旗中村

　逆のパターンです。勝新太郎氏が中村玉緒さんに一目惚れ、結婚されました。勝氏の本名は奥村、これと中村を組み合わせます。

　　　511-0435　いなべ市北勢町奥村
　　　512-8044　四日市市中村町
　　　519-1706　伊賀市島ケ原（奥村）
　　　519-1705　伊賀市島ケ原（中村）
　　　679-4101　たつの市神岡町奥村
　　　679-4126　たつの市龍野町中村
　　　779-4704　三好郡東みよし町中庄（奥村）
　　　779-4803　三好市井川町中村西
　　　779-4803　三好市井川町中村東
　　　779-4803　三好市井川町中村南

　奥村の地名は四箇所、そのすべての近くに中村があり、伊賀市に至っては隣同士、たつの市も極めて近いです。奥村は中村の分家であるといえるでしょう。

正木、宮本の地

　叔父（平成13年に他界、母の弟）が北島三郎氏のファンでした。北島氏の本名は大野です。これを正木と組み合わせます。

　　　292-1174　君津市正木

292-1151　君津市大野台

502-0857　岐阜市正木

503-1383　養老郡養老町大野

460-0024　名古屋市中区正木

462-0035　名古屋市北区大野町

743-0073　光市室積正木

742-1106　熊毛郡平生町大野南

742-1105　熊毛郡平生町大野北

771-4505　勝浦郡上勝町正木

771-1627　阿波市市場町大野島

798-4401　南宇和郡愛南町正木

798-1503　北宇和郡鬼北町上大野

798-1302　北宇和郡鬼北町下大野

　全国に十三箇所ある正木の地、そのうちの六箇所、近くに大野があります。

　次に宮本と組み合わせてみます。

036-0241　平川市八幡崎宮本

036-0243　平川市原大野

336-0916　さいたま市緑区宮本

339-0018　さいたま市岩槻区大野島

360-0822　熊谷市宮本町

360-0221　熊谷市大野

940-2042　長岡市宮本町

940-2305　長岡市大野

603-8322　京都市北区平野宮本町

603-8162　京都市北区小山東大野町

603-8167　京都市北区小山西大野町

603-8163　京都市北区小山南大野町

　　603-8161　京都市北区小山北大野町
　　651-0063　神戸市中央区宮本通
　　651-2256　神戸市西区平野町大野
　同市内が六箇所、この他に誤差1が五箇所あり、上三桁が同じで異なる市と郡は、以下のとおりです。
　　410-0301　沼津市宮本
　　410-2402　伊豆市大野
　　441-0302　豊川市御津町下佐脇宮本
　　441-1615　新城市大野
　　667-0432　養父市大屋町宮本
　　667-1333　美方郡香美町村岡区大野
　　649-7134　伊都郡かつらぎ町宮本
　　649-7207　橋本市高野口町大野

岡山市東区藤井の地

　18歳の頃、岩手県在住で同級の沢田という女性と文通していました。

　30代前半、同窓会活動で、同級生やその実家に電話で聞き込みをしていました。その中で、小中学校と一度も同じクラスにならず、話をしたこともないのに、こちらのことをよく覚えてくれていて、長く話し込んでしまった女性が竹田さんでした。

　平成の初頭、行きつけの電器店の店員の米田さんに気を惹かれました。

　平成某年、これまた行きつけのスーパーマーケット。レジにいたバイトの女子高校生、初めて会った時、こちらを見て

目が光りました。レシートを見ると、名前は倉田さん。その後、たびたび訪れました。好意的なふるまいで、うっとりとした表情でこちらを見ていました。

　平成某年、年末だけのポストカードのバイトで行った会社にいたのが土田さん。両手で頬杖を突いて、こちらを見ていました。幼稚園から高校まで私と全く一緒で、他の人に「学歴が全部一緒なんよ」と言ってたりします。

　以上の女性たちにも、思わぬ共通項があったのです。

　　703-8213　岡山市東区藤井
　　703-8234　岡山市中区沢田
　　703-8251　岡山市中区竹田
　　703-8224　岡山市中区米田
　　703-8265　岡山市中区倉田
　　703-8217　岡山市中区土田

　岡山市内において、こちらに興味を示す姓が中区で、藤井とは703-82まで同じです。特に一番強く気を惹かれた土田と藤井は、隣同士でした。出会ったことのすべてに、意味があったのです。

沼田の地

　小学校五年と六年で、同じクラスだった沼田さんが好きでした。同窓会活動を始めてから再会、バレエを習っていた彼女は、現在はバレエ教室を経営されており、卒業文集の未来の夢を実現させた、数少ない一人です。

　その沼田さんに、お母さんの旧姓を聞いてみたところ、土屋でした。

「14　武蔵の沼田氏　足立郡の沼田村より起こる。

　　4　武蔵の土屋氏　足立郡上青木村の名族に土屋氏あり。」

　足立郡に、下がり藤の藤井がいました。その地に沼田と土屋もいたわけです。

　　　300-0506　稲敷市沼田

　　　300-0426　稲敷郡美浦村土屋

　沼田さんは、中学二年で同じクラスだった山根氏に運命を感じていたとのこと。この姓も地名を探り、組み合わせてみると、その感じが何であるかが分かります。

　　　987-0354　登米市豊里町上沼田、中沼田、下沼田、沼田

　　　987-0341　登米市豊里町大沢沼田

　　　987-0376　登米市豊里町細沼田

　　　987-0342　登米市豊里町山根、山根前

　登米市豊里町において、隣町でした。運命の匂いは、ただの一箇所で充分なようです。

　藤井と沼田の場合は、以下のとおりです。

　　　649-6514　紀の川市藤井

　　　643-0125　有田郡有田川町沼田

　誤差は6ありますが、海草郡紀美野町をはさんだ二つ隣なのでした。そして足立郡。

占いの地

　藤井の出自に、以下のようなものがありました。

「7　卜姓藤井家　卜部家の一族。」

　卜部は「うらべ」と読みます。『姓氏家系辞書』からの抜粋で、その意味を記します。

「卜部　古代の卜兆（うらない）を職とした品部（中略）。
古代人は、身の安全を保持するためにたえず神にいのり、占
によって神意を求めた。占部は、この要求に応じて発達した
職業集団である。」

　辞書にある家系は、すべてつながっているとみるべきで、
自分にも占いのDNAは、高い確率で入っているでしょう。

　方向性は違いますが、江原啓之氏にも占いのDNAがあ
り、職としているはずです。古代卜部は、果たして何処に
あったのでしょうか。

　江原氏が信頼をおいたのは、寺坂多枝子さんです。寺坂と
いう地名は全国に三箇所、そのうちのひとつです。

　　　969-1626　伊達郡桑折町寺坂

　桑折町には、陶器に名を残した藤井求遠がいました。

　　　969-1654　伊達郡桑折町平沢の藤井

　寺坂の地、そのもうひとつです。

　　　668-0241　豊岡市出石町寺坂

　　　669-5301　豊岡市日高町江原

　　　669-5333　豊岡市日高町藤井

　三つの姓が、地名として豊岡市の中にあります。卜部は、
この近くにあったのかもしれません。

　江原啓之氏ですが、美輪明宏氏と『オーラの泉』で共演。
美輪氏の本名は丸山です。

　　　165-0023　中野区江原町

　　　165-0021　中野区丸山

　　　669-5301　豊岡市日高町江原

　　　669-2361　丹波篠山市丸山

　　　737-0807　呉市江原町

　　　739-2612　東広島市黒瀬町丸山

　中野区で、江古田をはさみ、二つ隣です。豊岡市と丹波篠山市は、やや離れています。呉市と東広島市は、隣接しています。

　そして、『オーラの泉』のもうひとりの進行役は、国分太一氏です。

　　669-5301　豊岡市日高町江原

　　669-5341　豊岡市日高町国分寺

　そして、父の出身地——。

　　715-0003　井原市東江原町

池田の地

　高校時代からの友人で、現在も親交があるのが池田氏です。氏は高校卒業後、川崎市の会社に就職、岡山を離れました。高校時代は片平なぎささんのファン、川崎市に池田があります。そして、そこに片平も——。

　　215-0023　川崎市麻生区片平

　　210-0022　川崎市川崎区池田

　高校の同級生の森本さんと結婚、池田と森本の組み合わせです。

　　942-0223　上越市頸城区森本

　　942-0202　上越市頸城区上池田

　　942-0104　上越市頸城区下池田

　　920-3117　金沢市北森本町

　　920-3116　金沢市南森本町

　　920-0983〜0987　金沢市池田町一番丁〜四番丁、立丁

　　438-0825　磐田市森本

438-0805　磐田市池田

601-8444　京都市南区西九条森本町

601-8349　京都市南区吉祥院池田町

606-8011　京都市左京区山端森本町

606-8287　京都市左京区北白川上池田町

606-8284　京都市左京区北白川下池田町

　同市内に四箇所という結果、さらに誤差1〜2の地が九箇所です。

　藤井と池田を組み合わせると以下のようになります。

596-0046　岸和田市藤井町

596-0811　岸和田市下池田町

649-6514　紀の川市藤井

649-6407　紀の川市池田新

761-8024　高松市鬼無町藤井

761-0444　高松市池田町

　同市内は三箇所、他にあと六箇所で近く同士です。

柏崎の地

　柏崎市に、藤井と大平があります。

949-3672　柏崎市大平

945-0114　柏崎市藤井

　中学時代、バレーボールの横山樹里さんがとても好きで、月刊バレーボールを購読していました。

945-1101　柏崎市横山

　矢田亜希子さんが大好きで、ファンクラブに入っていたほどでした。

945-0215　柏崎市矢田

アナウンサーの小島奈津子さんの誕生日に花を贈ったことがあります。

949-3735　柏崎市小島

『電撃戦隊チェンジマン』で、渚さやかを演じた西本ひろ子さんも、とても好きです。

945-0066　柏崎市西本町

平成某年、行きつけのスーパーマーケットに、森近という女性店員がいました。この人も会う度に好きになっていきました。彼女もまんざらでもない様子でした。とても珍しい苗字ですが、こういうことです。

945-1435　柏崎市森近

以上の女性たちは、藤井と大平があるがために、好き度が増していたのです。

そして、祖父は初代貴ノ花関のファンでした。本名は花田です。

945-0218　柏崎市花田

ファン感情の発生原理（藤井）

現在までに、ファンになった女性有名人。組み合わせによって証明してみます。

浅田美代子様

929-0324　河北郡津幡町浅田

929-1633　鹿島郡中能登町藤井

安倍なつみ様

633-0055　桜井市安倍木材団地

48

633-2123 宇陀市大宇陀藤井
石橋けい様
669-6953 美方郡新温泉町石橋
669-5333 豊岡市日高町藤井
市川由衣様
409-3601 西八代郡市川三郷町市川大門
409-1314 甲州市勝沼町藤井
上野樹里様
312-0013 ひたちなか市上野
311-4201 水戸市藤井町
321-0981 宇都宮市上野町
321-0221 下都賀郡壬生町藤井
929-0405 河北郡津幡町上野
929-1633 鹿島郡中能登町藤井
919-1321 三方上中郡若狭町上野
919-1311 三方上中郡若狭町藤井
409-3612 西八代郡市川三郷町上野
409-1314 甲州市勝沼町藤井
649-6416 紀の川市上野
649-6514 紀の川市藤井

今のところ、一番多い苗字、市川と同じ西八代郡にあるの
も興味深いところです。
植松真美様
640-8298 和歌山市植松丁
649-6514 紀の川市藤井
761-8005 高松市植松町
761-8024 高松市鬼無町藤井

和歌山市と紀の川市は隣接しています。

内田さゆり様

　　861-0414　山鹿市菊鹿町上内田

　　861-0406　山鹿市菊鹿町下内田

　　861-0381　山鹿市藤井

岡崎友紀様

　　639-1062　生駒市安堵町岡崎

　　639-2137　葛城市南藤井

梶原真弓様

　　669-4323　丹波市市島町梶原

　　669-2603　丹波篠山市福井の藤井

神崎恵様

　　098-5562　枝幸郡中頓別町神崎

　　098-5563　枝幸郡中頓別町藤井

　　290-0178　市原市神崎

　　290-0012　市原市藤井

　　919-2122　大飯郡おおい町神崎

　　919-1311　三方上中郡若狭町藤井

　　704-8138　岡山市東区神崎町

　　703-8213　岡山市東区藤井

広大な北海道において、隣町でした。

北川景子様

　　932-0226　南砺市北川

　　939-1923　南砺市下梨の藤井

黒田福美様

　　321-3557　芳賀郡茂木町黒田

　　321-0221　下都賀郡壬生町藤井

　　919-1327　三方上中郡若狭町東黒田

　　919-1311　三方上中郡若狭町藤井

669-2726 　丹波篠山市黒田

669-2603 　丹波篠山市福井の藤井

小出由華様

633-2176 　宇陀市大宇陀小出口

633-2123 　宇陀市大宇陀藤井

国分佐智子様

290-0073 　市原市国分寺台中央

290-0012 　市原市藤井

669-5341 　豊岡市日高町国分寺

669-5333 　豊岡市日高町藤井

649-6428 　紀の川市東国分

649-6514 　紀の川市藤井

小島奈津子様

949-3735 　柏崎市小島

945-0114 　柏崎市藤井

669-6123 　豊岡市小島

669-5333 　豊岡市日高町藤井

632-0085 　天理市小島町

632-0025 　天理市藤井町

花を贈るという特別なことをしたら、特別な結果が出ました
た。

坂下千里子様

861-0822 　玉名郡南関町上坂下

861-0821 　玉名郡南関町下坂下

861-0381 　山鹿市藤井

志田未来様

400-0107 　甲斐市志田

407-0001 　韮崎市藤井町駒井

甲斐市と韮崎市は隣接しています。

杉本有美様

- 444-2816　豊田市杉本町
- 444-1164　安城市藤井町
- 632-0078　天理市杉本町
- 632-0025　天理市藤井町

田畑智子様

- 931-8403　富山市田畑
- 939-1923　南砺市下梨の藤井

常盤貴子様

- 310-0033　水戸市常磐町
- 311-4201　水戸市藤井町
- 945-0834　柏崎市常盤台
- 945-0114　柏崎市藤井

戸田菜穂様

- 669-6746　美方郡新温泉町戸田
- 669-5333　豊岡市日高町藤井

鳥居恵子様

- 633-2138　宇陀市大宇陀白鳥居
- 633-2123　宇陀市大宇陀藤井

中村晃子様

- 668-0254　豊岡市出石町中村
- 669-5333　豊岡市日高町藤井

根本美鶴代様（芸名＝未唯mie）

- 310-0067　水戸市根本
- 311-4201　水戸市藤井町

野村佑香様

- 669-5225　朝来市和田山町野村

669-5333　豊岡市日高町藤井

早瀬恵子様（現芸名＝成嶋涼）

919-1124　三方郡美浜町早瀬

919-1311　三方上中郡若狭町藤井

709-4331　勝田郡勝央町植月北の早瀬

709-4331　勝田郡勝央町植月北の藤井

芳賀優里亜様

321-3300　芳賀郡芳賀町

321-0221　下都賀郡壬生町藤井

原田夏希様

290-0507　市原市原田

290-0012　市原市藤井

深田恭子様

669-1542　三田市上深田

669-1543　三田市下深田

669-2603　丹波篠山市福井の藤井

649-6553　紀の川市深田

649-6514　紀の川市藤井

松山まみ様

635-0111　高市郡高取町松山

635-0112　高市郡高取町藤井

この一箇所だけですが、隣町です。

森山愛子様（本名は大森）

669-6352　豊岡市竹野町大森

669-5333　豊岡市日高町藤井

八木さおり様

311-3506　行方市八木蒔

311-3517　行方市藤井

668-0225　豊岡市出石町八木

669-5333　豊岡市日高町藤井

731-0101　広島市安佐南区八木

731-0543　安芸高田市吉田町西浦の藤井

矢田亜希子様

290-0517　市原市矢田（やた）

290-0012　市原市藤井

945-0215　柏崎市矢田（やた）

945-0114　柏崎市藤井

444-0313　西尾市上矢田町（かみやた）

444-0314　西尾市下矢田町（しもやた）

444-1164　安城市藤井町

669-6563　美方郡香美町香住区矢田

669-5333　豊岡市日高町藤井

639-1058　大和郡山市矢田町（やた）

632-0025　天理市藤井町

「やだ」と読むのが美方郡のみです。大和郡山市と天理市の誤差は7ありますが、隣接しています。

柳原可奈子様

290-0268　市原市柳原

290-0012　市原市藤井

669-5212　朝来市和田山町柳原

669-5333　豊岡市日高町藤井

横山樹理様

945-1101　柏崎市横山

945-0114　柏崎市藤井

669-1534　三田市横山町

669-2603　丹波篠山市福井の藤井

吉野紗香様

    939-2172　富山市吉野

    939-1923　南砺市下梨の藤井

    639-3100　吉野郡吉野町

    635-0112　高市郡高取町藤井

    640-1103　海草郡紀美野町吉野

    649-6514　紀の川市藤井

    761-4306　小豆郡小豆島町吉野

    761-8024　高松市鬼無町藤井

　以上のような結果となりました。続けて次に、『2009ＴＶスター名鑑』から、顔写真だけで選んでいきます。

浅井江理名様

    311-1264　ひたちなか市浅井内

    311-3517　行方市藤井

    290-0251　市原市浅井小向

    290-0012　市原市藤井

朝倉あき様

    633-0003　桜井市朝倉台東

    633-0004　桜井市朝倉台西

    632-0025　天理市藤井町

    633-2123　宇陀市大宇陀藤井

    761-0614　木田郡三木町朝倉

    761-8024　高松市鬼無町藤井

瓜生美咲様

    929-0301　河北郡津幡町瓜生

    929-1633　鹿島郡中能登町藤井

    919-1525　三方上中郡若狭町瓜生

    919-1311　三方上中郡若狭町藤井

岡田唯様

　945-1501　柏崎市高柳町岡田

　945-0114　柏崎市藤井

　919-2116　大飯郡おおい町岡田

　919-1311　三方上中郡若狭町藤井

　669-5224　朝来市和田山町岡田

　669-5333　豊岡市日高町藤井

小畑由香理様

　444-2805　豊田市小畑町

　444-1164　安城市藤井町

　669-3167　丹波市山南町小畑

　669-5333　豊岡市日高町藤井

　649-0161　海南市下津町小畑

　649-6514　紀の川市藤井

小池唯様

　321-2104　宇都宮市上小池町

　321-2105　宇都宮市下小池町

　321-0221　下都賀郡壬生町藤井

　939-0547　富山市水橋小池

　939-1923　南砺市下梨の藤井

　408-0014　北杜市高根町小池

　407-0001　韮崎市藤井町駒井

坂野友香様

　668-0334　豊岡市但東町坂野

　669-5333　豊岡市日高町藤井

高塚恵理子様

　939-2631　富山市婦中町高塚

　939-1923　南砺市下梨の藤井

633-0234　宇陀市榛原高塚

633-2123　宇陀市大宇陀藤井

636-0071　北葛城郡河合町高塚台

636-0014　北葛城郡王寺町藤井

津田絵理奈様

312-0032　ひたちなか市津田

311-4201　水戸市藤井町

長井梨紗様

919-2102　大飯郡おおい町長井

919-1311　三方上中郡若狭町藤井

中原果南様

319-0305　水戸市中原町

311-1268　ひたちなか市湊中原

311-4201　水戸市藤井町

669-2502　丹波篠山市中原山

669-2603　丹波篠山市福井の藤井

643-0365　有田郡有田川町中原

649-6514　紀の川市藤井

半田杏様

969-1642　伊達郡桑折町北半田

969-1641　伊達郡桑折町南半田

969-1654　伊達郡桑折町平沢の藤井

945-0812　柏崎市半田

945-0114　柏崎市藤井

平井絵美様

945-1353　柏崎市平井

945-0114　柏崎市藤井

633-2201　宇陀市菟田野平井

633-2123　宇陀市大宇陀藤井
703-8282　岡山市中区平井
703-8213　岡山市東区藤井
861-0121　熊本市北区植木町平井
861-0381　山鹿市藤井

前田知恵様
939-1549　南砺市前田
939-1923　南砺市下梨の藤井
640-0411　紀の川市貴志川町前田
649-6514　紀の川市藤井

松木里菜様
939-1623　南砺市松木
939-1923　南砺市下梨の藤井

吉倉あおい様
929-0466　河北郡津幡町吉倉
929-1633　鹿島郡中能登町藤井

吉田有希様
310-0832　水戸市吉田
311-4201　水戸市藤井町
919-1527　三方上中郡若狭町上吉田
919-1528　三方上中郡若狭町下吉田
919-1311　三方上中郡若狭町藤井
632-0067　天理市吉田町
632-0025　天理市藤井町
649-1342　御坊市藤田町吉田
649-1341　御坊市藤田町藤井
761-4401　小豆郡小豆島町吉田
761-8024　高松市鬼無町藤井

　　　861-0524　山鹿市上吉田

　　　861-0526　山鹿市下吉田

　　　861-0381　山鹿市藤井

　吉田は御坊市において隣町でした。藤井隆氏が乙葉さんと結婚されていますが、乙葉さんの旧姓は吉田です。

　次に、マンガ家、脚本家の部門です。

　赤塚不二夫様

　　　311-4141　水戸市赤塚

　　　311-4142　水戸市東赤塚

　　　311-4201　水戸市藤井町

　石ノ森章太郎様（本名は小野寺）

　　　329-4314　栃木市岩舟町小野寺

　　　321-0221　下都賀郡壬生町藤井

　佐々木淳子様

　　　668-0325　豊岡市但東町佐々木

　　　669-5333　豊岡市日高町藤井

　園田光慶様

　　　669-2805　丹波篠山市園田分

　　　669-2603　丹波篠山市福井の藤井

　永井豪様

　　　406-0823　笛吹市八代町永井

　　　407-0001　韮崎市藤井町駒井

　脚本家で、特に好きな方が長坂秀佳氏で、『人造人間キカイダー』や『特捜最前線』のメインライターです。『特捜』では、登場人物の名前に個性的なものが多く、渡来十全、城所徳永などが印象に残っています。ダントツなのが、薬研真沙子という名前です。

　　　730-0027　広島市中区薬研堀

藤井のいた吉田町西浦の近くにあります。

408-0021　北杜市長坂町長坂上条

408-0025　北杜市長坂町長坂下条

407-0001　韮崎市藤井町駒井

669-1355　三田市長坂

669-2603　丹波篠山市福井の藤井

861-0534　山鹿市長坂

861-0381　山鹿市藤井

乱歩賞作家でもある長坂氏。江戸川乱歩氏の本名は平井太郎です。

861-0121　熊本市北区植木町平井

669-1355　三田市長坂

669-2603　丹波篠山市福井の藤井

682-0836　倉吉市長坂新町

682-0835　倉吉市長坂町

682-0042　倉吉市大平町

781-1764　吾川郡仁淀川町長坂

781-1601　吾川郡仁淀川町大平

861-0534　山鹿市長坂

861-0381　山鹿市藤井

他の乱歩賞作家の近くにも、平井があるかもしれません。

次に好き脚本家は、三谷幸喜氏です。

669-6747　美方郡新温泉町三谷

669-5333　豊岡市日高町藤井

633-0102　桜井市三谷

633-2123　宇陀市大宇陀藤井

649-6433　紀の川市西三谷

649-6434　紀の川市中三谷

649-6435　紀の川市東三谷

649-6514　紀の川市藤井

761-0450　高松市三谷町

761-8024　高松市鬼無町藤井

ファン感情の発生原理（小川）

　昭和56年、神戸で開催されたポートピア。ウルトラセブン研究会を主宰していた私は、会員の一人である千葉県八千代市在住の小川さんと、その地を訪れました。

　あるパビリオンで、コンピューター占いをやってみました。その時の恋愛項目だけは、今でもはっきり覚えています。それは「精神的恋愛と肉体的恋愛に悩む人です。苦労すれど楽しみあり」というもので、中々、当を得ていました。

　小川さんは、会員の中でも、一番気の合う女性でした。

311-3517　行方市藤井

311-3423　小美玉市小川

919-1311　三方上中郡若狭町藤井

919-1453　三方上中郡若狭町小川

444-1164　安城市藤井町

444-1162　安城市小川町

929-1633　鹿島郡中能登町藤井

929-1343　羽咋郡宝達志水町小川

649-6514　紀の川市藤井

649-4216　東牟婁郡古座川町小川

669-2603　丹波篠山市福井の藤井

669-2326　丹波篠山市小川町

　平成21年に、偶然にも小川さんのブログを見つけました。相変わらずのイケメン好きです。『おしりかじり虫』にハマっており、ブログにも広告が貼ってあります。『おしりかじり虫』の映像制作者の中に、やましたかよという人がいました。小川さんは『特警ウインスペクター』の山下優氏の追っかけをしていました。山下に縁のある小川さんです。

010-0931	秋田市川元山下町
010-0935	秋田市川元小川町
430-0941	浜松市中区山下町
431-3752	浜松市天竜区小川
467-0062	名古屋市瑞穂区山下通
455-0864	名古屋市港区小川
519-0147	亀山市山下町
519-0161	亀山市小川町
836-0053	大牟田市山下町
836-0036	大牟田市小川町
847-0842	唐津市山下町
847-0306	唐津市呼子町小川島
882-0055	延岡市山下町
882-0076	延岡市小川町
891-0505	指宿市山川山下町
891-0515	指宿市山川小川

同市内が八箇所にも達しています。

　小川さんのブログに、毎月の好きな男性を記されているものがあります。約二年分に登場している人たち。順不同で敬称略。

　桐島優介、武田真一、西村和彦、西岡剛、石橋正次、渋谷哲平、片岡信和、三浦大輔、上地雄輔、玉田圭司、古原靖

久、吉田友一、伊藤陽佑、川崎宗則、近藤真彦、松尾敏伸、内山眞人、水嶋ヒロ、高橋光臣、三上真史、岩隈久志、黒田耕平、谷原章介、中村優一、椿隆之、つるの剛士、海老澤健次、佐藤健、富田翔。

　全員まとめて、小川と組み合わせます。

青森

　　035-0071　むつ市小川町（こがわ）

　　036-0203　平川市南田中中村井

　　036-0203　平川市南田中村内

　　036-0232　平川市蒲田玉田

　　036-8186　弘前市富田

岩手

　　026-0045　釜石市小川町（こがわ）

　　027-0085　宮古市黒田町

宮城

　　989-2471　岩沼市小川

　　989-2331　亘理郡亘理町吉田

　　989-5115　栗原市金成上富田

　　989-5114　栗原市金成下富田

　　988-0309　気仙沼市本吉町津谷松尾

秋田

　　010-0935　秋田市川元小川町

　　010-0122　秋田市金足吉田

　　010-1642　秋田市新屋渋谷町

　　010-0532　男鹿市船川港椿

福島

　　963-0722　郡山市田村町小川（こがわ）

　　963-8041　郡山市富田町

963-0923　郡山市西田町黒田

963-0109　郡山市安積町吉田

962-0516　岩瀬郡天栄村小川

969-0401　岩瀬郡鏡石町川崎町

969-6534　河沼郡会津坂下町小川原

969-6241　大沼郡会津美里町吉田

969-3101　耶麻郡猪苗代町渋谷

969-5144　会津若松市大戸町小谷西村

969-6403　大沼郡会津美里町鶴野辺

969-5143　会津若松市大戸町小谷原

969-1511　二本松市下川崎

969-1512　二本松市上川崎

茨城

319-1727　北茨城市関本町小川

319-3104　常陸大宮市北富田

319-3363　久慈郡大子町北富田

311-3423　小美玉市小川

311-1412　鉾田市玉田

311-3135　東茨城郡茨城町海老沢

311-3113　東茨城郡茨城町近藤

311-3833　行方市富田

312-0025　ひたちなか市武田

栃木

324-0501　那須郡那珂川町小川

324-0511　那須郡那珂川町吉田

群馬

370-2211　甘楽郡甘楽町小川

370-1506　多野郡神流町黒田

370-0523　邑楽郡大泉町吉田

370-0059　高崎市椿町

370-0862　高崎市片岡町

378-0414　利根郡片品村東小川

378-0056　沼田市高橋場町

379-1312　利根郡みなかみ町小川

379-2161　前橋市富田町

埼玉

355-0321　比企郡小川町小川

355-0072　東松山市石橋

千葉

288-0032　銚子市東小川町

288-0036　銚子市西小川町

288-0033　銚子市南小川町

288-0037　銚子市北小川町

289-0423　香取市小川

289-0303　香取市富田

287-0825　香取市野間谷原

289-1507　山武市松尾町小川

289-1711　山武郡横芝光町小川台

289-2256　香取郡多古町中村新田

289-0212　香取郡神崎町武田

289-0215　香取郡神崎町古原

289-2102　匝瑳市椿

289-2171　匝瑳市内山

289-1321　山武市富田

299-2726　南房総市和田町小川

299-3216　大網白里市北吉田

299-1736　富津市大川崎

神奈川

238-0004　横須賀市小川町

238-0200　三浦市

新潟

958-0268　村上市小川

958-0224　村上市黒田

943-0648　上越市牧区小川

942-0123　上越市頸城区下中村

942-0103　上越市頸城区富田

942-0074　上越市石橋

942-0023　上越市石橋新田

942-0404　上越市安塚区石橋

943-0885　上越市黒田

942-1434　十日町市松之山天水島<ruby>天水島<rt>あまみずしま</rt></ruby>

952-2136　佐渡市小川

952-0003　佐渡市椿

富山

937-0022　魚津市小川寺

938-0281　黒部市宇奈月町内山

939-2304　富山市八尾町黒田

石川

924-0067　白山市小川町

924-0066　白山市上小川町

924-0815　白山市三浦町

924-0855　白山市水島町

929-1343　羽咋郡宝達志水町小川

929-0427　河北郡津幡町富田

福井

 916-0108 丹生郡越前町小川

 916-0086 鯖江市吉田町

 919-1453 三方上中郡若狭町小川

 919-1503 三方上中郡若狭町上黒田

 919-1327 三方上中郡若狭町東黒田

 919-1527 三方上中郡若狭町上吉田

 919-1528 三方上中郡若狭町下吉田

長野

 381-3300 上水内郡小川村

 380-0882 長野市富田

 395-1107 下伊那郡喬木村小川

 395-0004 飯田市上郷黒田

 394-0055 岡谷市内山

 399-5607 木曽郡上松町小川

 399-3102 下伊那郡高森町吉田

岐阜

 501-4305 郡上市明宝小川

 501-2311 山県市椿

 501-2134 山県市松尾

 501-0625 揖斐郡揖斐川町黒田

 500-8423 岐阜市渋谷町

 509-2203 下呂市小川

 509-2615 下呂市馬瀬西村

 509-7402 恵那市岩村町富田

静岡

 431-3752 浜松市天竜区小川

 431-2206 浜松市北区引佐町西黒田

431-2207　浜松市北区引佐町東黒田
431-0304　湖西市新居町内山
437-0036　袋井市小川町
436-0223　掛川市黒田
愛知
455-0864　名古屋市港区小川
453-0015　名古屋市中村区椿町
454-0954　名古屋市中川区富田町江松
464-0826　名古屋市千種区川崎町
471-0857　豊田市小川町
471-0019　豊田市高橋町
471-0808　豊田市渋谷町
470-0304　豊田市富田町
441-2524　豊田市黒田町
444-1162　安城市小川町
444-0823　岡崎市上地
444-0824　岡崎市上地町
444-0231　岡崎市高橋町
444-0215　岡崎市中村町
444-0516　西尾市吉良町吉田
444-0525　西尾市吉良町富田
445-0807　西尾市伊藤
445-0806　西尾市伊藤町
三重
514-0104　津市栗真小川町
514-1256　津市中村町
515-2404　松阪市嬉野上小川町
515-0061　松阪市黒田町

515-2525 津市一志町石橋
519-3647 尾鷲市小川西町
519-3648 尾鷲市小川東町
519-0161 亀山市小川町
519-3616 尾鷲市中村町
519-0211 亀山市川崎町
519-5417 熊野市紀和町小川口
519-3111 度会郡大紀町大内山
516-1236 度会郡度会町小川
516-0051 伊勢市上地町

滋賀
520-1224 高島市安曇川町上小川
520-1223 高島市安曇川町下小川
520-1431 高島市朽木小川
520-2323 野洲市三上
520-0476 大津市葛川中村町

京都
602-0052 京都市上京区上小川町
602-0924 京都市上京区小川町
602-8225 京都市上京区下石橋町
602-8239 京都市上京区下石橋南半町
602-8295 京都市上京区東石橋町
602-8175 京都市上京区中村町

兵庫
669-2326 丹波篠山市小川町
669-2439 丹波篠山市渋谷
669-2346 丹波篠山市西岡屋
669-2726 丹波篠山市黒田

669-6953　美方郡新温泉町石橋
669-6945　美方郡新温泉町内山
669-3165　丹波市山南町富田
668-0002　豊岡市岩熊
和歌山
649-2538　西牟婁郡白浜町小川
649-2326　西牟婁郡白浜町椿
649-1342　御坊市藤田町吉田
649-0122　海南市下津町黒田
岡山
717-0414　真庭市釘貫小川
717-0102　真庭市黒田
山口
746-0027　周南市小川屋町
746-0001　周南市川崎
徳島
775-0412　海部郡海陽町小川
775-0308　海部郡海陽町吉田
778-0205　三好市東祖谷小川
778-0105　三好市西祖谷山村西岡
778-0165　三好市池田町松尾（祖谷温泉）
779-5332　三好市山城町小川谷
779-5166　三好市池田町川崎
779-4803　三好市井川町中村西、東、南
779-3103　徳島市国府町東黒田
779-3102　徳島市国府町西黒田
779-1750　阿南市椿町
香川

762-0085 丸亀市飯山町東小川
761-8023 高松市鬼無町佐藤
愛媛
799-2468 松山市小川
799-2414 松山市立岩中村
799-0641 四国中央市金砂町小川山
799-1503 今治市富田新港
798-0101 宇和島市三浦東
798-0102 宇和島市三浦西
高知
781-2324 吾川郡いの町小川新別
781-1326 高岡郡越知町片岡
781-1328 高岡郡越知町南片岡
長崎
853-0503 五島市玉之浦町小川
853-0202 五島市富江町松尾
853-0042 五島市吉田町
857-0146 佐世保市小川内町
859-6313 佐世保市吉井町上吉田
熊本
869-0621 宇城市小川町小川
869-0622 宇城市小川町西北小川
869-0613 宇城市小川町東小川
869-0614 宇城市小川町南小川
869-0456 宇土市石橋町
869-5155 八代市水島町
869-1503 阿蘇郡南阿蘇村吉田
大分

876-0206　佐伯市本匠小川

876-0853　佐伯市中村東町

876-0855　佐伯市中村西町

876-0854　佐伯市中村南町

876-0856　佐伯市中村北町

878-0141　竹田市小川

878-0035　竹田市吉田

879-7123　豊後大野市三重町松尾

879-7124　豊後大野市三重町内山

879-5424　由布市庄内町直野内山

宮崎

881-1302　児湯郡西米良村小川

880-0032　宮崎市霧島

880-2321　宮崎市高岡町内山（その他）

鹿児島

899-4316　霧島市国分上小川（こがわ）

899-5106　霧島市隼人町内山田

桐島→霧島、水嶋→水島、岩隈→岩熊。

　海老沢（澤）と古原は、一箇所のみですが、小川さんは反応しました。

　丹波篠山市小川の近くに、黒田、石橋、内山と丹波篠山市福井にいた藤井と同じ姓を好きになっています

　小川さんも気の多い人で、私と同様に、精神的恋愛を、ずっと続けています。

県境をまたぎ接する地

　同じ市内や郡内、隣接する市や郡で、組み合わせをやっていたのですが、ある事に気がつきました。それは、県をまたいで接しているパターンがあるという事でした。

　豊岡市は、京丹後市に隣接しています。隣の市町村である事に変わりはないので、これも見る必要があったわけです。それでピックアップしていくとこういう結果が出ました。

　　　669-5333　豊岡市日高町藤井

　　　629-3441　京丹後市久美浜町神崎

　　　629-3558　京丹後市久美浜町丸山

　　　627-0235　京丹後市丹後町井上

　　　627-0241　京丹後市丹後町上野

　　　627-0002　京丹後市峰山町矢田

　　　627-0121　京丹後市弥栄町堤

　南砺市の隣が金沢市でした。当初、石川県内で、鹿島郡と金沢市は離れすぎなのに、金沢市の地名に気を惹かれているので、何故かなと思っていたら、南砺市で反応していたわけです。

　　　939-1923　南砺市下梨の藤井

　　　920-0162　金沢市小池町

　　　920-0967　金沢市菊川

　　　921-8051　金沢市黒田

　　　920-0834　金沢市常盤町

　　　921-8022　金沢市中村町

　　　920-0063　金沢市三浦町

　920-0922　金沢市横山町
三方上中郡の隣は、高島市です。
　919-1311　三方上中郡若狭町藤井
　520-1413　高島市朽木上野
　520-1101　高島市武曽横山
丹波篠山市の隣は、船井郡京丹波町です。
　669-2603　丹波篠山市福井の藤井
　622-0211　船井郡京丹波町上野
　629-1122　船井郡京丹波町小畑
　このような状況も発生するので、隣の市や郡にも目を向け
てみて下さい。

深田の地

　深田恭子さんです。共演者、恋愛歴、原作者や監督、友人
など、順不同で敬称略。
　内田朝陽、滝沢秀明、及川光博、浜崎あゆみ、清水良太
郎、篠原ともえ、岡江久美子、華原朋美（本名は下河原）、
東山紀之、萩原健一、福田沙紀、三池崇史、筒井康隆、佐々
木希、松岡圭祐、生瀬勝久、佐藤隆太、有田哲平、北野武、
玉木宏、松本潤、宇多田ヒカル。
　宮城
　981-2184　伊具郡丸森町深田
　981-2125　伊具郡丸森町深田上
　981-2125　伊具郡丸森町深田下
　981-2134　伊具郡丸森町峠滝沢
　981-4372　加美郡加美町長清水

986-0715　本吉郡南三陸町志津川深田

988-0308　気仙沼市本吉町津谷松岡

986-0122　石巻市東福田

988-0355　気仙沼市本吉町滝沢

987-0385　登米市豊里町内田

福島

963-8838　郡山市深田台

963-7773　田村郡三春町深田和

963-7753　田村郡三春町清水

963-7752　田村郡三春町清水畑

969-3543　河沼郡湯川村笈川

969-3541　河沼郡湯川村浜崎

965-0815　会津若松市東山町湯川

960-0643　伊達市保原町下河原

神奈川

238-0016　横須賀市深田台

243-0212　厚木市及川

221-0014　横浜市神奈川区入江

222-0026　横浜市港北区篠原町

232-0007　横浜市南区清水ケ丘

231-0061　横浜市中区内田町

石川

927-2153　輪島市門前町深田

927-2175　輪島市門前町清水

926-0865　七尾市松本町

926-0002　七尾市湯川町

929-2103　七尾市東山町

925-0612　羽咋市垣内田町

922-0566　加賀市深田町
923-0166　小松市松岡町
922-0441　加賀市篠原新町
922-0442　加賀市篠原町
922-0004　加賀市大聖寺上福田町
922-0002　加賀市大聖寺下福田町
922-0052　加賀市大聖寺福田町
922-0315　加賀市清水町
920-0808　金沢市三池新町
920-0802　金沢市三池町
924-0057　白山市松本町
岐阜
505-0043　美濃加茂市深田町
505-0026　美濃加茂市清水町
506-0805　高山市東山町
506-0808　高山市松本町
愛知
475-0065　半田市乙川深田町
475-0869　半田市清水東町
475-0865　半田市清水西町
475-0866　半田市清水北町
441-0323　豊川市御津町金野深田
441-0214　豊川市御油町（東山）
441-8133　豊橋市大清水町
440-0853　豊橋市佐藤
471-0841　豊田市深田町
471-0014　豊田市東山町
471-0843　豊田市清水町

444-0936	岡崎市上佐々木町
444-0935	岡崎市下佐々木町

京都

606-0045	京都市左京区上高野深田町
606-0067	京都市左京区上高野東山
606-0846	京都市左京区下鴨北野々神町
606-8056	京都市左京区修学院松本町
606-8434	京都市左京区南禅寺下河原町
606-8125	京都市左京区一乗寺清水町
600-8404	京都市下京区福田寺町
616-8204	京都市右京区宇多野御池町
612-0072	京都市伏見区桃山筒井伊賀東町
612-0073	京都市伏見区桃山筒井伊賀西町

大阪

571-0042	門真市深田町
573-1114	枚方市東山

兵庫

657-0038	神戸市灘区深田町
657-0002	神戸市灘区篠原（その他）
657-0045	神戸市灘区下河原通
658-0072	神戸市東灘区岡本
655-0013	神戸市垂水区福田
655-0031	神戸市垂水区清水が丘
655-0023	神戸市垂水区清水通
654-0123	神戸市須磨区清水台
652-0065	神戸市兵庫区清水町
652-0807	神戸市兵庫区浜崎通
651-0061	神戸市中央区上筒井通

651-0071　神戸市中央区筒井町
651-1615　神戸市北区淡河町萩原
650-0002　神戸市中央区北野町
656-2542　洲本市由良町内田
669-1542　三田市上深田
669-1543　三田市下深田
669-1353　三田市東山
669-1101　西宮市塩瀬町生瀬
666-0214　川辺郡猪名川町清水
666-0213　川辺郡猪名川町清水東
666-0004　川西市萩原
664-0832　伊丹市下河原

和歌山
649-6553　紀の川市深田
649-6227　岩出市清水
649-7163　伊都郡かつらぎ町萩原
649-1202　日高郡日高町萩原

熊本
868-0441　球磨郡あさぎり町深田北
868-0442　球磨郡あさぎり町深田東
868-0443　球磨郡あさぎり町深田南
868-0444　球磨郡あさぎり町深田西
863-0018　天草市浜崎町
866-0853　八代市清水町
869-0522　宇城市松橋町内田

大分
875-0064　臼杵市深田
875-0341　臼杵市野津町清水原

877-1232　日田市清水町

879-0236　宇佐市清水

873-0644　国東市国東町浜崎

874-0803　別府市東山一区

874-0804　別府市東山二区

877-1364　日田市三池町

873-0402　国東市武蔵町内田

　及川の読みは「おいがわ」で、及川はここだけです。「おいかわ」では、伊賀市老川があります。湯川村笈川ということは、湯川の分流ではないかと思われます。

　岡江という地名はありません。横浜と神戸の深田の近くに入江があり、分流と考えました。さらに、東灘区に岡本があり、岡本の岡と入江の江で岡江という可能性があります。

　岡崎市は、豊田市と豊川市の間にあり、そこに佐々木町。

　横浜市の篠原～は六箇所、神戸市の篠原～は七箇所ありますが、代表して一箇所のみ記しています。

　深田さんの出世作となった『神様、もう少しだけ』ですが、叶野真生の両親を演じたのが、平田満氏と田中好子さんです。深田に平田と田中を合わせていきます。

963-8838　郡山市深田台

963-7773　田村郡三春町深田和

963-8100　石川郡平田村

962-0724　須賀川市田中

238-0016　横須賀市深田台

235-0035　横浜市磯子区田中

441-0323　豊川市御津町金野深田

443-0004　蒲郡市平田町

471-0841　豊田市深田町

471-0845　豊田市田中町
606-0045　京都市左京区上高野深田町
606-0921　京都市左京区松ケ崎平田町
606-8226　京都市左京区田中飛鳥井町
657-0038　神戸市灘区深田町
654-0021　神戸市須磨区平田町
651-1504　神戸市北区道場町平田
658-0081　神戸市東灘区田中町
658-0061　神戸市東灘区本山町田中
649-6553　紀の川市深田（ふけだ）
649-6421　紀の川市田中馬場
811-3504　宗像市深田（ふかた）
811-2416　糟谷郡篠栗町田中
875-0064　臼杵市深田（ふかた）
874-0024　別府市平田町

　京都市左京区で、三姓が揃いました。田中〜町は三十二箇所ありますが、飛鳥井町のみ記しています。
　あと、県境をまたいだ地がこれです。

922-0566　加賀市深田町
919-0748　あわら市北野
910-4141　あわら市玉木
919-0734　あわら市東山

　加賀市とあわら市は、隣接しています。

田中の地

　前項から引きつぎ『神様、もう少しだけ』の平田満（叶野

義郎役）氏と田中好子（叶野弥栄子役）さんです。

　　　503-0606　海津市海津町田中
　　　503-0321　海津市平田町今尾
　　　518-1312　伊賀市田中
　　　518-1422　伊賀市平田
　　　606-8226　京都市左京区田中飛鳥井町
　　　606-0921　京都市左京区松ケ崎平田町
　　　612-8425　京都市伏見区竹田田中殿町
　　　612-0019　京都市伏見区深草平田町
　　　567-0025　茨木市田中町
　　　567-0845　茨木市平田
　　　651-2147　神戸市西区玉津町田中
　　　651-1504　神戸市北区道場町平田
　　　689-3114　西伯郡大山町田中
　　　689-3336　西伯郡大山町平田
　　　699-1252　雲南市大東町田中
　　　699-1342　雲南市木次町平田
　　　700-0951　岡山市北区田中
　　　700-0952　岡山市北区平田

　岡山市において隣町です。この他に六箇所で近隣です。九箇所で同市郡内は、良い夫婦役だといえます。深田と組み合わせた時とは別の場所で合います。

　キャンディーズの盟友、伊藤蘭さんと合わせます。

　　　071-0732　空知郡中富良野町田中農場
　　　071-0733　空知郡中富良野町伊藤農場
　　　658-0081　神戸市東灘区田中町
　　　658-0061　神戸市東灘区本山町田中
　　　650-0032　神戸市中央区伊藤町

　広い北海道内において、隣町でした。数多く合うよりも運命的といえるでしょう。
　田中裕子さんと沢田研二氏です。
　　028-7672　八幡平市田中下夕
　　028-7664　八幡平市大沢田
　　029-4431　奥州市衣川田中
　　029-4344　奥州市衣川沢田
　　988-0052　気仙沼市田中
　　988-0016　気仙沼市沢田
　　959-2052　阿賀野市田中
　　959-2211　阿賀野市沢田
　　939-2371　富山市八尾町田中
　　939-2622　富山市婦中町沢田
　　471-0845　豊田市田中町
　　470-0564　豊田市沢田町
　　514-0081　津市片田田中町
　　515-2512　津市一志町新沢田
　　679-4113　たつの市神岡町田中
　　679-4116　たつの市神岡町沢田
　　870-0852　大分市田中町
　　870-1212　大分市沢田
　十箇所、同市内で合いました。特にいえばたつの市において、三つしか離れていませんでした。
　爆笑問題の田中裕二氏と太田光氏です。
　　027-0302　宮古市田老田中
　　027-0054　宮古市太田
　　988-0052　気仙沼市田中
　　988-0082　気仙沼市太田

987-0425　登米市南方町田中浦
987-0431　登米市南方町太田
010-0862　秋田市手形田中
010-0032　秋田市楢山太田町
019-1826　大仙市南外田中田
019-1852　大仙市南外太田
960-8227　福島市田中島
960-8068　福島市太田町
300-4244　つくば市田中
300-4232　つくば市北太田
372-0814　伊勢崎市田中町
372-0006　伊勢崎市太田町
949-8407　十日町市田中
949-8524　十日町市太田島
959-1741　五泉市南田中
959-1825　五泉市太田
939-2371　富山市八尾町田中
939-8048　富山市太田
503-0606　海津市海津町田中
503-0532　海津市南濃町太田
514-0081　津市片田田中町
514-2304　津市安濃町太田
567-0025　茨木市田中町
567-0018　茨木市太田
640-8329　和歌山市田中町
640-8323　和歌山市太田
851-0134　長崎市田中町
851-0255　長崎市太田尾町

これだけ多いのも、特筆に値します。

田中美佐子さんと深沢邦之氏です。

029-4431　奥州市衣川田中

029-4439　奥州市衣川田中西

029-4331　奥州市衣川深沢

015-0401　由利本荘市矢島町田中町

018-0724　由利本荘市深沢

370-0003　高崎市新保田中町

370-2113　高崎市吉井町深沢

949-3423　上越市吉川区東田中

949-3417　上越市吉川区下深沢

949-6362　南魚沼市南田中

949-6774　南魚沼市深沢

412-0026　御殿場市東田中

412-0027　御殿場市西田中

412-0023　御殿場市深沢

ココリコの田中直樹氏と遠藤章造氏です。

259-0145　足柄上郡中井町田中

259-0141　足柄上郡中井町遠藤

689-3114　西伯郡大山町田中

689-4134　西伯郡伯耆町遠藤

風間三姉妹の地

『スケバン刑事Ⅲ少女忍法帖伝奇』から、大西結花さん、中村由真さん、浅香唯（本名は川崎）さんの地です。

　大西と中村

029-4347　奥州市衣川大西

029-4204　奥州市前沢中村

939-1752　南砺市大西

939-2512　南砺市利賀村中村

455-0861　名古屋市港区大西

453-0000　名古屋市中村区

441-8089　豊橋市牟呂大西町

441-8093　豊橋市牟呂中村町

444-0811　岡崎市大西町

444-0215　岡崎市中村町

699-1101　雲南市加茂町大西

699-1831　仁多郡奥出雲町中村

799-2458　松山市大西谷

799-3123　伊予市中村

787-1557　四万十市大西ノ川

787-0026　四万十市中村愛宕町

781-1614　吾川郡仁淀川町大西

781-1516　吾川郡仁淀川町中村

七箇所で合いました。川崎を含めてピックアップします。

036-0153　平川市小杉川崎

036-0163　平川市苗生松川崎

036-0223　平川市西野曽江川崎

036-0203　平川市南田中中村井

036-0203　平川市南田中村内

028-0051　久慈市川崎町

028-4135　盛岡市川崎

028-8334　下閉伊郡普代村中村

014-0345　仙北市角館町山谷川崎

013-0377　横手市大雄八柏中村
960-1232　福島市松川町下川崎
960-0621　伊達市保原町中村町
300-2503　常総市川崎町
300-2425　つくばみらい市川崎
300-0849　土浦市中村西根
300-0850　土浦市中村東
300-0843　土浦市中村南
289-1331　山武市川崎
289-2256　香取郡多古町中村新田
959-1949　阿賀野市川崎
959-1376　加茂市中村
949-3411　上越市吉川区川崎
949-2233　妙高市上中村新田
949-2211　妙高市田中村新田
939-1553　南砺市上川崎
939-1752　南砺市大西
917-0081　小浜市川崎
917-0241　小浜市中村
509-0147　各務原市鵜沼川崎町
509-3201　高山市久々野町大西
464-0826　名古屋市千種区川崎町
455-0861　名古屋市港区大西
453-0827　名古屋市中村区下中村町
440-0094　豊橋市川崎町
441-8093　豊橋市牟呂中村町
441-8089　豊橋市牟呂大西町
475-0832　半田市川崎町

475-0873　半田市中村町
519-0211　亀山市川崎町
519-1705　伊賀市島ケ原（中村）
746-0001　周南市川崎
745-0642　周南市中村
779-0223　鳴門市大麻町川崎
779-5166　三好市池田町川崎
779-4803　三好市井川町中村西
779-4803　三好市井川町中村東
779-4803　三好市井川町中村南
787-1601　四万十市西土佐江川崎
787-1557　四万十市大西ノ川
787-0026　四万十市中村愛宕町
904-2203　うるま市川崎
905-0018　名護市大西

　三つの姓が集結している地は、愛知県名古屋市と豊橋市、高知県四万十市です。

僕の生きる道の地

　アソシエイトプロデューサー…石原隆、プロデューサー…重松圭一、岩田祐二、プロデューサー補…柳川由起子。
　出演者…草彅剛、矢田亜希子、大杉漣、森下愛子、綾瀬はるか、小日向文世、鳥羽潤、谷原章介、岩崎杏里、市原隼人、浅野和之、上野なつひ、敬称略。
　石原に合わせていきます。
　宮城

981-3503　黒川郡大郷町石原

981-4323　加美郡加美町石原

981-4327　加美郡加美町上野原

981-2142　伊具郡丸森町日向

981-2142　伊具郡丸森町日向上

986-2224　牡鹿郡女川町大石原浜

989-0529　刈田郡七ヶ宿町大杉

989-0557　刈田郡七ヶ宿町西森下

987-2033　栗原市高清水浅野

987-2035　栗原市高清水浅野前

福島

964-0083　二本松市休石原

964-0892　二本松市成田日向

964-0823　二本松市岩崎

969-0404　岩瀬郡鏡石町笠石原町

969-6036　大沼郡会津美里町上野川原

969-5143　会津若松市大戸町小谷原

茨城

308-0055　筑西市石原田

308-0129　筑西市上野

群馬

370-0864　高崎市石原町

370-2106　高崎市吉井町矢田

370-2131　高崎市吉井町岩崎

371-0845　前橋市鳥羽町

377-0007　渋川市石原

379-1204　利根郡昭和村森下

埼玉

350-0824　川越市石原町

350-0415　入間郡越生町上野

350-0417　入間郡越生町上野東

350-0117　比企郡川島町鳥羽井

349-0126　蓮田市綾瀬

東京

130-0011　墨田区石原

132-0022　江戸川区大杉

120-0005　足立区綾瀬

112-0006　文京区小日向

110-0005　台東区上野

177-0032　練馬区谷原
　　　　　　　　や はら

135-0004　江東区森下

新潟

958-0832　村上市石原

958-0262　村上市上野

959-3903　村上市岩崎

959-0148　長岡市寺泊矢田

959-1107　三条市矢田

944-0146　上越市板倉区小石原

942-0162　上越市頸城区森下

945-0215　柏崎市矢田
　　　　　　　　や た

富山

930-0261　中新川郡立山町大石原

930-0361　中新川郡上市町湯上野

930-3252　中新川郡立山町末上野

930-3213　中新川郡立山町日中上野

932-0014　小矢部市岩崎

書　名	

お買上 書店	都道 府県	市区 郡	書店名				書店
			ご購入日	年	月	日	

本書をどこでお知りになりましたか?
　1.書店店頭　2.知人にすすめられて　3.インターネット(サイト名　　　　　　)
　4.DMハガキ　5.広告、記事を見て(新聞、雑誌名　　　　　　　　　　　)

上の質問に関連して、ご購入の決め手となったのは?
　1.タイトル　2.著者　3.内容　4.カバーデザイン　5.帯
　その他ご自由にお書きください。

本書についてのご意見、ご感想をお聞かせください。
①内容について

②カバー、タイトル、帯について

 弊社Webサイトからもご意見、ご感想をお寄せいただけます。

ご協力ありがとうございました。
※お寄せいただいたご意見、ご感想は新聞広告等で匿名にて使わせていただくことがあります。
※お客様の個人情報は、小社からの連絡のみに使用します。社外に提供することは一切ありません。

■書籍のご注文は、お近くの書店または、ブックサービス(☎0120-29-9625)、
セブンネットショッピング(http://7net.omni7.jp/)にお申し込み下さい。

|ǀǀǀǀ·ǀǀǀ·ǀǀǀǀ·ǀǀǀǀǀǀ·ǀǀǀ·ǀǀǀǀǀ·ǀǀǀǀǀǀ·ǀǀǀǀǀ·ǀǀǀ·ǀǀǀ·ǀǀǀǀ|

ふりがな お名前			明治　大正 昭和　平成	年生　歳
ふりがな ご住所	□□□-□□□□		性別 男・女	
お電話 番　号	（書籍ご注文の際に必要です）	ご職業		
E-mail				

ご購読雑誌（複数可）	ご購読新聞
	新聞

最近読んでおもしろかった本や今後、とりあげてほしいテーマをお教えください。

ご自分の研究成果や経験、お考え等を出版してみたいというお気持ちはありますか。

ある　　　ない　　　内容・テーマ（　　　　　　　　　　　　　　　　　）

現在完成した作品をお持ちですか。

ある　　　ない　　　ジャンル・原稿量（　　　　　　　　　　　　　　　）

岐阜

- 501-2535　岐阜市石原（1〜3丁目）
- 501-3104　岐阜市石原（その他）
- 501-6015　羽島郡岐南町石原瀬
- 501-5302　郡上市高鷲町鷲見（上野）
- 501-3771　美濃市大矢田
- 501-3922　関市大杉
- 501-0634　揖斐郡揖斐川町上野
- 503-0622　海津市海津町森下

静岡

- 438-0078　磐田市石原町
- 438-0834　磐田市森下

愛知

- 465-0008　名古屋市名東区猪子石原
- 461-0040　名古屋市東区矢田
- 461-0044　名古屋市東区矢田東
- 461-0048　名古屋市東区矢田南
- 462-0812　名古屋市北区矢田町
- 462-0837　名古屋市北区大杉
- 462-0836　名古屋市北区大杉町
- 462-0826　名古屋市北区東大杉町
- 464-0082　名古屋市千種区上野
- 453-0064　名古屋市中村区草薙町
- 467-0047　名古屋市瑞穂区日向町
- 444-3601　岡崎市石原町
- 442-0805　豊川市三谷原町
- 488-0067　尾張旭市南原山町石原
- 491-0871　一宮市浅野

491-0816　一宮市千秋町浅野羽根
三重
510-0842　四日市市石原町
510-0304　津市河芸町上野
511-0821　桑名市矢田
511-0051　桑名市矢田磧
京都
606-8356　京都市左京区石原町
601-1244　京都市左京区大原上野町
601-8367　京都市南区吉祥院石原町
600-8442　京都市下京区矢田町
612-8491　京都市伏見区久我石原町
612-8001　京都市伏見区桃山町日向
612-8393　京都市伏見区下鳥羽渡瀬町
620-0804　福知山市石原
620-0831　福知山市岩崎
大阪
599-8102　堺市東区石原町
593-8301　堺市西区上野芝町
593-8303　堺市西区上野芝向ケ丘町
597-0084　貝塚市鳥羽
571-0067　門真市石原町
570-0023　守口市日向町
兵庫
679-0322　西脇市黒田庄町石原
679-2317　神崎郡市川町浅野
679-1327　多可郡多可町加美区市原
667-0051　養父市八鹿町石原

667-0014　養父市八鹿町岩崎
667-0103　養父市浅野
667-0131　養父市上野
667-0314　養父市大屋町大杉
島根
692-0401　安来市広瀬町石原
692-0073　安来市矢田町
山口
751-0886　下関市石原
750-0424　下関市豊田町矢田
高知
788-0272　宿毛市小筑紫町石原
787-0036　四万十市中村岩崎町
福岡
803-0185　北九州市小倉南区石原町
802-0001　北九州市小倉北区浅野
806-0046　北九州市八幡西区森下町
807-1153　北九州市八幡西区岩崎
838-1601　朝倉郡東峰村小石原
838-0018　朝倉市日向石
熊本
861-8046　熊本市東区石原
861-8014　熊本市東区石原町
861-3322　上益城郡御船町上野

大石原や小石原も石原の分かれであることが判明します。
　小日向は三箇所しかないので、日向を引っ張ってきて合わせてみてもヒットします。読みは、ほとんど関係ないわけです。

　草薙は、名古屋市中村区の他には、静岡市清水区にあるのみで、二箇所だけです。役名が中村なのも面白いことです。

　柳川に合わせていきます。

青森

　　038-0012　　青森市柳川

　　039-3504　　青森市矢田

　　038-3143　　つがる市木造日向

　　039-1108　　八戸市上野

　　036-0111　　平川市小和森下田川

　　036-0111　　平川市小和森下平田

　　036-0111　　平川市小和森下松岡

　　036-0113　　平川市平田森下宮本

　　037-0001　　五所川原市下岩崎

宮城

　　989-0263　　白石市柳川原

　　989-0529　　刈田郡七ヶ宿町大杉

　　989-0537　　刈田郡七ヶ宿町上野

　　989-5501　　栗原市若柳川北

　　989-5502　　栗原市若柳川南

　　989-5111　　栗原市金成日向

　　989-5131　　栗原市金成日向田

　　989-0557　　刈田郡七ヶ宿町西森下

　　987-2033　　栗原市高清水浅野

　　987-2035　　栗原市高清水浅野前

山形

　　990-1274　　西村山郡大江町柳川

　　990-2303　　山形市蔵王上野

福島

965-0078　会津若松市高野町柳川
964-0892　二本松市成田日向
964-0823　二本松市岩崎
茨城
314-0252　神栖市柳川
314-0258　神栖市柳川中央
314-0341　神栖市矢田部
314-0023　鹿嶋市谷原
群馬
370-0815　高崎市柳川町
370-1600　多野郡上野村
370-2131　多野郡吉井町岩崎
373-0016　太田市矢田堀町
371-0845　前橋市鳥羽町
千葉
290-0538　市原市柳川
290-0518　市原市下矢田
290-0517　市原市矢田
290-0047　市原市岩崎
288-0805　銚子市上野町
289-1206　山武市日向台
287-0825　香取市野間谷原
287-0038　香取市鳥羽
富山
930-2103　富山市山田宿坊（柳川）
939-2303　富山市八尾町大杉
939-8195　富山市上野
939-8197　富山市上野寿町

933-0123　高岡市伏木矢田

933-0122　高岡市伏木矢田上町

933-0121　高岡市伏木矢田新町

933-0125　高岡市伏木矢田（万葉台）

932-0014　小矢部市岩崎

岐阜

500-8304　岐阜市柳川町

500-8174　岐阜市栗矢田町

501-6058　羽島郡笠松町上柳川町

501-6057　羽島郡笠松町下柳川町

501-3922　関市大杉

502-0005　岐阜市岩崎

愛知

454-0014　名古屋市中川区柳川町

453-0064　名古屋市中村区草薙町

滋賀

520-0014　大津市柳川

520-3421　甲賀市甲賀町上野

521-1146　彦根市柳川町

520-1413　高島市朽木上野

521-0312　米原市上野

522-0331　犬上郡多賀町大杉

大阪

569-0852　高槻市北柳川町

569-0853　高槻市柳川町

567-0064　茨木市上野町

569-0024　高槻市日向町

570-0023　守口市日向町

そして、もうひとつの草薙の地です。
　　424-0886　　静岡市清水区草薙
　　424-0884　　静岡市清水区草薙一里山
　　424-0883　　静岡市清水区草薙北
　　424-0885　　静岡市清水区草薙杉道
　　421-1403　　静岡市葵区日向
　　428-0503　　静岡市葵区岩崎
　　422-8061　　静岡市駿河区森下町
最後に、矢田と大杉。
　　923-0975　　小松市矢田町
　　923-0976　　小松市矢田新町
　　923-0342　　小松市矢田野町
　　923-0186　　小松市大杉町
　　501-3771　　美濃市大矢田
　　501-3922　　関市大杉
　　462-0812　　名古屋市北区矢田町
　　462-0837　　名古屋市北区大杉
　　462-0836　　名古屋市北区大杉町
　　462-0826　　名古屋市北区東大杉町
　　519-2163　　多気郡多気町矢田
　　519-2634　　多気郡大台町大杉

小島の地

　小島奈津子さんは、大野貢氏と結婚されました。
　　360-0832　　熊谷市小島
　　360-0245　　熊谷市妻沼小島

96

360-0221　熊谷市大野
926-0852　七尾市小島町
926-0362　七尾市大野木町
923-0002　小松市小島町
923-0156　小松市大野町
483-8021　江南市和田町小島
483-8003　江南市草井町大野
750-1136　下関市小月小島
750-0311　下関市菊川町上大野
750-0312　下関市菊川町下大野
799-2122　今治市来島（小島）
794-0102　今治市玉川町大野

同期で親友の西山喜久恵さん。

986-1332　石巻市雄勝町小島
986-0876　石巻市西山町
949-3735　柏崎市小島
949-4141　柏崎市西山町西山
959-2402　新発田市小島
959-2417　新発田市下西山
930-2122　富山市山田小島（城山）
930-0073　富山市西山王町
441-3122　豊橋市小島町
441-3121　豊橋市西山町

豊橋市において、隣町でした。

『タモリのSuperボキャブラ天国』で、タモリ（本名は森田）氏と共に司会をされました。

930-0022　富山市小島町
930-2123　富山市山田小島

　　　939-8154　富山市森田
『スーパーナイト』と『噂の！東京マガジン』では、森本毅
郎氏と共演されています。
　　　438-0056　磐田市小島
　　　438-0825　磐田市森本
　　　632-0085　天理市小島町
　　　632-0007　天理市森本町

平井の地

　江戸川乱歩先生の本名が平井太郎です。まず見つけた地名
がこれです。
　　　132-0035　江戸川区平井
　区名の由来は江戸川で、この地もかつては平井村でした。
ペンネームは、エドガー・アラン・ポーをもじったものです
が、偶然にも結びついたのも、この平井を経ているからで
しょう。
　小学六年、テレビ東京の『江戸川乱歩シリーズ　明智小五
郎』が、夕方に放送されており、それを見るために学校から
走って帰っていました。出会いは映像であり、読むほどでは
ありませんでした。
　　　945-1353　柏崎市平井
　　　945-0114　柏崎市藤井
　　　633-2201　宇陀市菟田野平井
　　　633-2123　宇陀市大宇陀藤井
　　　703-8282　岡山市中区平井
　　　703-8213　岡山市東区藤井

861-0121　熊本市北区植木町平井

861-0381　山鹿市藤井

逆に、友人の池田氏が熱心なファンです。

507-0058　多治見市平井町

507-0048　多治見市池田町

475-0964　半田市平井町

475-0945　半田市池田町

471-0011　豊田市平井町

471-0001　豊田市池田町

470-2380　知多郡武豊町平井

470-2329　知多郡武豊町池田

606-8245　京都市左京区北白川平井町

606-8287　京都市左京区北白川上池田町

606-8284　京都市左京区北白川下池田町

876-0123　佐伯市弥生平井

876-0025　佐伯市池田

この違いが、ファン心理です。

ゆかりのある人たちです。敬称略。

菊池幽芳、押川春浪、黒岩涙香、矢野徹、岩田準一、筒井康隆、横溝正史、小林芳雄、戸板康二（旧姓は山口）、明智小五郎。

青森

037-0054　五所川原市上平井町

037-0064　五所川原市下平井町

037-0066　五所川原市中平井町

039-5333　むつ市脇野沢黒岩

039-3363　東津軽郡平内町山口

039-0317　三戸郡田子町山口

福島
    969-1158　本宮市本宮平井
    970-0225　いわき市平上山口
    970-0226　いわき市平下山口
    965-0825　会津若松市門田町黒岩
    968-0601　南会津郡只見町小林
茨城
    314-0012　鹿嶋市平井
    314-0132　神栖市筒井
群馬
    376-0051　桐生市平井町
    376-0124　桐生市新里町小林
    375-0043　藤岡市東平井
    375-0044　藤岡市西平井
    375-0021　藤岡市小林
    374-0133　邑楽郡板倉町岩田
千葉
    270-0225　野田市平井
    270-1434　白井市大山口
    270-1318　印西市小林
    270-1315　印西市小林浅間
    270-1316　印西市小林大門下
    270-1313　印西市小林北
新潟
    945-1353　柏崎市平井
    945-1116　柏崎市山口
    949-3362　上越市柿崎区黒岩
    949-5415　長岡市岩田

    949-5332　長岡市小国町上岩田
岐阜
    507-0058　多治見市平井町
    509-7731　恵那市明智町
    505-0071　加茂郡坂祝町黒岩
    501-2131　山県市平井
    501-3154　岐阜市岩田東
    501-3155　岐阜市岩田坂
    501-3156　岐阜市岩田西
    501-1201　本巣市山口
愛知
    441-1355　新城市上平井
    441-1361　新城市平井（その他）
    441-1362　新城市平井（東原、西原、原）
    440-0006　豊橋市牛川町（押川）
    440-0832　豊橋市岩田町
滋賀
    525-0023　草津市平井
    525-0024　草津市平井町
    527-0135　東近江市横溝町
京都
    606-8245　京都市左京区北白川平井町
    607-8402　京都市山科区御陵黒岩
    601-1454　京都市伏見区小栗栖山口町
    601-1342　京都市伏見区醍醐上山口町
    601-1343　京都市伏見区醍醐下山口町
    612-0072　京都市伏見区桃山筒井伊賀東町
    612-0073　京都市伏見区桃山筒井伊賀西町

兵庫
    665-0816　宝塚市平井
    665-0034　宝塚市小林
    673-0421　三木市平井
    673-0434　三木市別所町小林
奈良
    633-2201　宇陀市菟田野平井
    633-2139　宇陀市大宇陀山口
和歌山
    640-8442　和歌山市平井
    640-0311　和歌山市黒岩
    649-6201　岩出市押川
    649-6317　和歌山市山口西
    649-1533　日高郡印南町山口
岡山
    714-0012　笠岡市小平井
    714-0007　笠岡市山口
    714-1202　小田郡矢掛町小林
徳島
    779-4306　美馬郡つるぎ町一宇（平井）
    779-3405　吉野川市山川町黒岩
    779-1403　阿南市山口町
愛媛
    791-0243　松山市平井町
    791-3120　伊予郡松前町筒井
    798-3335　宇和島市津島町平井
    799-1602　今治市山口
    799-0702　四国中央市土居町小林

熊本
　861-0121　熊本市北区植木町平井
　861-1300　菊池市
大分
　876-0123　佐伯市弥生平井
　879-0504　宇佐市山口

秘密戦隊ゴレンジャーの地

　海城剛…誠直也（本名は古川）、新命明…宮内洋、大岩大
太…畠山麦、ペギー松山…小牧りさ、明日香健二…伊藤幸
雄、江戸川権八…高原駿雄、敬称略。
青森
　038-3103　つがる市柏上古川
　038-3102　つがる市柏下古川
　036-0241　平川市八幡崎高原
岩手
　029-3105　一関市花泉町涌津（古川）
　028-4301　岩手郡岩手町沼宮内
宮城
　989-6223　大崎市古川
　989-6127　大崎市古川宮内
秋田
　015-0839　由利本荘市古川端
　015-0043　由利本荘市宮内
福島
　960-0658　伊達市保原町古川端

960-0655　伊達市保原町宮内町

新潟

950-0056　新潟市東区古川町

948-0136　十日町市高原田

959-2433　新発田市古川

959-2528　新発田市東宮内

959-1226　燕市小牧

富山

930-0254　中新川郡立山町古川

930-3201　中新川郡立山町高原

932-0304　砺波市庄川町小牧

愛知

496-0043　津島市古川

493-0005　一宮市木曽川町里小牧

447-0062　碧南市古川町

444-0535　西尾市吉良町小牧

445-0807　西尾市伊藤

京都

606-0043　京都市左京区上高野古川町

606-8231　京都市左京区田中上古川町

606-8232　京都市左京区田中古川町

606-8241　京都市左京区田中西高原町

606-8242　京都市左京区田中高原町

606-8243　京都市左京区田中東高原町

605-0026　京都市東山区古川町

605-0984　京都市東山区福稲高原町

602-0035　京都市上京区畠山町

612-8486　京都市伏見区羽束師古川町

613-0851　八幡市川口高原
620-0972　福知山市小牧
兵庫
654-0041　神戸市須磨区古川町
652-0891　神戸市兵庫区西宮内町
650-0032　神戸市中央区伊藤町
島根
692-0064　安来市古川町
692-0204　安来市伯太町安田宮内
岡山
708-0333　苫田郡鏡野町古川
708-1321　勝田郡奈義町宮内
愛媛
793-0044　西条市古川甲
793-0045　西条市古川乙
791-2121　伊予郡砥部町宮内（山並）
791-2120　伊予郡砥部町宮内（その他）
熊本
860-0015　熊本市中央区古川町
860-0005　熊本市中央区宮内
863-0025　天草市古川町
864-0004　荒尾市宮内
864-0003　荒尾市宮内出目
大分
872-0655　宇佐市安心院町古川
870-1222　大分市高原

　六姓のうち、一番数の多い古川に五姓を合わせていきました。

　宮城県において、大崎市古川宮内という、ミラクルな地を見つけました。アカレンジャーとアオレンジャーの地です。

ダウンタウンの地

　浜田雅功氏と松本人志氏の地です。
　　010-1654　秋田市浜田
　　010-1416　秋田市四ツ小屋末戸松本
　　310-0812　水戸市浜田
　　310-0813　水戸市浜田町
　　310-0052　水戸市松本町
　　441-0312　豊川市御津町西方浜田
　　441-0312　豊川市御津町西方松本
　　447-0842　碧南市浜田町
　　447-0878　碧南市松本町
　　510-0065　四日市市中浜田町
　　510-0073　四日市市西浜田町
　　510-0067　四日市市浜田町
　　510-0066　四日市市南浜田町
　　510-0837　四日市市西松本町
　　510-0836　四日市市松本
　　510-0838　四日市市南松本町
　　796-0034　八幡浜市浜田町
　　796-0052　八幡浜市松本町
　ミラクルな地は豊川市で、同じ郵便番号です。この発見も郵便番号が七桁にならなければならなかったわけです。

宮崎の地

宮﨑駿、高畑勲、大塚康生、中尾佐助、大橋のぞみ、藤岡孝章、藤巻直哉、敬称略。

青森
- 036-0141　平川市沖館宮崎
- 036-0142　平川市高畑熊沢
- 036-0142　平川市高畑高田
- 036-0142　平川市高畑前田
- 036-0145　平川市岩館藤巻
- 036-0115　平川市新館藤巻
- 038-3152　つがる市木造藤岡

宮城
- 981-4401　加美郡加美町宮崎
- 981-0414　東松島市大塚

山形
- 999-2253　南陽市宮崎
- 999-2224　南陽市大橋
- 999-7638　鶴岡市藤岡
- 997-0047　鶴岡市大塚町

福島
- 969-0246　西白河郡矢吹町上宮崎
- 969-0246　西白河郡矢吹町下宮崎
- 967-0604　南会津郡南会津町大橋

群馬
- 370-2453　富岡市宮崎

370-0001　高崎市中尾町
神奈川
220-0031　横浜市西区宮崎町
232-0054　横浜市南区大橋町
247-0011　横浜市栄区元大橋
241-0815　横浜市旭区中尾
新潟
943-0318　上越市三和区宮崎新田
943-0817　上越市藤巻
949-3377　上越市柿崎区高畑
945-0313　刈羽郡刈羽村大塚
富山
939-0703　下新川郡朝日町宮崎
939-1743　南砺市大塚
939-0405　射水市藤巻
愛知
444-3611　岡崎市宮崎町
444-0513　西尾市吉良町宮崎
444-2515　豊田市大塚町
京都
606-0802　京都市左京区下鴨宮崎町
606-0091　京都市左京区上高野大塚町
606-8014　京都市左京区山端大塚町
606-0062　京都市左京区上高野大橋町
605-0017　京都市東山区高畑町
604-8364　京都市中京区藤岡町
和歌山
649-0316　有田市宮崎町

647-0004　新宮市大橋通

山口

752-0984　下関市長府宮崎町

752-0991　下関市高畑

752-0946　下関市長府中尾町

愛媛

799-2104　今治市波方町宮崎

798-4124　南宇和郡愛南町高畑

福岡

837-0903　大牟田市宮崎

838-0812　朝倉郡筑前町大塚

長崎

851-0408　長崎市宮崎町

851-2422　長崎市神浦上大中尾町

851-2421　長崎市神浦北大中尾町

851-2423　長崎市神浦下大中尾町

852-8134　長崎市大橋町

大分

870-1133　大分市宮崎

870-1137　大分市宮崎台

870-0862　大分市中尾

871-0008　中津市大塚

871-0009　中津市新大塚町

宮崎

880-0952　宮崎市大塚台東

880-2105　宮崎市大塚台西

880-0951　宮崎市大塚町

880-0022　宮崎市大橋

鹿児島

    899-3511　南さつま市金峰町宮崎

    898-0026　枕崎市大塚北町

    898-0027　枕崎市大塚西町

    898-0028　枕崎市大塚中町

    898-0029　枕崎市大塚南町

平川市において、高畑が隣町でした。

小泉の地

まずは、小泉純一郎氏と小池百合子さん。

    028-6921　二戸市浄法寺町小泉

    028-6851　二戸市浄法寺町小池

    300-1539　取手市小泉

    300-1157　稲敷郡阿見町小池

    321-4222　芳賀郡益子町小泉

    321-2104　宇都宮市上小池町

    321-2105　宇都宮市下小池町

    299-4347　長生郡長生村小泉

    298-0013　いすみ市小池

    948-0103　十日町市小泉

    942-1538　十日町市小池

    939-8082　富山市小泉町

    939-2752　富山市婦中町小泉

    939-8081　富山市堀川小泉町

    939-0547　富山市水橋小池

    929-2378　輪島市三井町小泉

928-0051　輪島市小池町

503-0816　大垣市小泉町

503-1523　不破郡関ケ原町小池

四箇所で、同市内でした。

83会で、永岡桂子、徳田毅、北村茂男、稲田朋美、長島忠美、赤沢亮正、阿部俊子、小里泰弘、近藤三津枝、敬称略。

岩手

028-6921　二戸市浄法寺町小泉

028-6814　二戸市浄法寺町北村

028-3326　紫波郡紫波町西長岡

028-3324　紫波郡紫波町東長岡

028-3533　紫波郡紫波町赤沢

028-3603　紫波郡矢巾町西徳田

028-3604　紫波郡矢巾町東徳田

029-4101　西磐井郡平泉町長島

029-4201　奥州市前沢区阿部舘

宮城

989-6224　大崎市古川小泉

989-1302　柴田郡村田町小泉

989-2461　岩沼市長岡

989-6231　大崎市古川長岡

987-0281　遠田郡涌谷町小里

987-1103　石巻市北村

秋田

010-0116　秋田市金足小泉

010-0141　秋田市下新城長岡

山形

999-8234　酒田市小泉
999-2222　南陽市長岡
999-0213　東置賜郡川西町尾長島
福島
970-8041　いわき市平小泉
969-0206　西白河郡矢吹町赤沢
茨城
309-1725　笠間市南小泉
309-1635　笠間市稲田
309-1234　桜川市阿部田
300-4236　つくば市小泉
300-4403　桜川市真壁町長岡
311-1111　水戸市小泉町
311-2444　潮来市小泉南
311-2442　潮来市小泉
311-3116　東茨城郡茨城町長岡
311-3113　東茨城郡茨城町近藤
311-4405　東茨城郡城里町上赤沢
311-4406　東茨城郡城里町下赤沢
311-0502　常陸太田市徳田町
312-0061　ひたちなか市稲田
栃木
321-4222　芳賀郡益子町小泉
321-3323　芳賀郡芳賀町北長島
321-4532　真岡市長島
321-4512　真岡市阿部岡
321-4517　真岡市阿部品
321-1524　日光市足尾町赤沢

321-0125　宇都宮市御田長島町

320-0004　宇都宮市長岡町

千葉

286-0823　成田市小泉

287-0824　香取市長島

289-1317　山武市小泉

289-0414　香取市長岡

299-4347　長生郡長生村小泉

299-0216　袖ケ浦市阿部

新潟

948-0103　十日町市小泉

949-3408　上越市吉川区赤沢

949-8203　中魚沼郡津南町赤沢

949-6422　南魚沼市徳田新田

942-0251　上越市小泉

943-0154　上越市稲田

富山

939-8082　富山市小泉町

939-2752　富山市婦中町小泉

939-8081　富山市堀川小泉町

930-0111　富山市長岡

930-0113　富山市長岡新

岐阜

503-0816　大垣市小泉町

503-0407　海津市南濃町徳田

三重

511-0837　桑名市小泉

510-0251　鈴鹿市徳田町

滋賀
522-0043　彦根市小泉町
521-0308　米原市小泉
521-0242　米原市長岡
520-2311　野洲市長島
京都
600-8480　京都市下京区小泉町
601-8187　京都市南区上鳥羽北村山町
鳥取
682-0433　倉吉市関金町小泉
680-1234　鳥取市河原町北村
680-1172　鳥取市北村

永岡の地名が少ないので、全部を長岡でやっていますが、それでも合いました。

某ディスカウントショップで、格安のラーメンを買って食べていました。メーカーはスナオシで、本社が水戸市小泉町でした。

311-1111　水戸市小泉町
311-4201　水戸市藤井町

仮面ライダーの地

原作は、石ノ森章太郎（本名は小野寺）先生。小野寺の地は二箇所あります。主人公は本郷猛で、藤岡弘、氏が演じました。本郷を仮面ライダーに改造したのは、緑川博士でした。

329-4314　栃木市岩舟町小野寺

329-0313　栃木市藤岡町緑川

本郷と藤岡

997-0412　鶴岡市本郷

999-7638　鶴岡市藤岡

426-0132　藤枝市本郷

426-0006　藤枝市藤岡

669-2702　丹波篠山市本郷

669-2369　丹波篠山市藤岡奥

669-2368　丹波篠山市藤岡口

プロデューサーは、平山亨氏です。平山と出演者を合わせていきます。

藤岡弘、氏

471-0827　豊田市平山町

470-0451　豊田市藤岡飯野町

小林昭二氏

431-1417　浜松市北区三ヶ日町平山

434-0031　浜松市浜北区小林

島田陽子さん

943-0603　上越市牧区平山

942-0136　上越市頸城区島田

佐々木剛氏

959-2412　新発田市平山

959-3121　村上市佐々木

千葉治郎氏（本名は前田）

036-0122　平川市尾崎平山

036-0132　平川市唐竹平山

036-0146　平川市大坊前田

471-0827　豊田市平山町

471-0874　豊田市前田町

渡辺の地

　藤井と渡辺は、一箇所も合いません。なぜ一目惚れしたのか。藤井ではなく、矢吹ではないかと思われます。
　972-8331 〜 972-8337　いわき市渡辺町
　969-0236　西白河郡矢吹町矢吹
　さらに、矢吹ののちの高倉です。
　974-8204　いわき市高倉町
　これで、同じ市になり、ぐっと近づきました。
　渡辺の地を記します。
　972-8331　いわき市渡辺町泉田
　972-8332　いわき市渡辺町昼野
　972-8333　いわき市渡辺町洞
　972-8334　いわき市渡辺町田部
　972-8335　いわき市渡辺町松小屋
　972-8336　いわき市渡辺町上釜戸
　972-8337　いわき市渡辺町中釜戸
　325-0024　那須塩原市渡辺
　810-0004　福岡市中央区渡辺通
　岡山市に、『わたなべ生鮮館』という、スーパーマーケットが数店舗あります。この店、岡山市南区泉田にあります。
　972-8331　いわき市渡辺町泉田
　こういう偶然も見つけております。
　渡辺美里さん、関根勤氏のファンとのことです。
　325-0024　那須塩原市渡辺

329-2701　那須塩原市関根
329-2702　那須塩原市東関根

三谷の地

　三谷幸喜、小林聡美、平野レミ、梶原善、西村雅彦、役所
広司（本名は橋本）、江口洋介、中森明菜、戸田恵子、田村
正和、山田涼介、和田誠、敬称略。
　福島
　　966-0933　喜多方市上三宮町三谷
　　966-0102　喜多方市熱塩加納町山田
　　964-0924　二本松市中森
　　969-6519　河沼郡会津坂下町三谷
　　969-6338　大沼郡会津美里町橋本乙
　　969-6401　大沼郡会津美里町和田目
　　969-1143　本宮市本宮山田
　富山
　　932-0301　砺波市庄川町三谷
　　933-0832　高岡市和田
　石川
　　923-0844　小松市三谷町
　　923-1106　能美市和田町
　岐阜
　　501-5402　高山市荘川町三谷（さんだに）
　　501-1526　本巣市根尾平野
　　501-3958　関市戸田
　　501-3944　関市山田

500-8856　岐阜市橋本町
502-0915　岐阜市江口
三重
518-0762　名張市上三谷
518-0739　名張市下三谷
518-0807　伊賀市平野上川原
519-0102　亀山市和田町
519-4674　熊野市五郷町和田
516-0801　伊勢市御薗町小林
519-0213　亀山市田村町
京都
629-3412　京丹後市久美浜町三谷
629-1322　福知山市夜久野町平野
629-3242　京丹後市網野町日和田
兵庫
667-0136　養父市三谷
667-0002　養父市八鹿町三谷
667-0435　養父市大屋町和田
668-0871　豊岡市梶原
665-0034　宝塚市小林
665-0017　宝塚市小林西山
666-0121　川西市平野
679-1333　多可郡多可町加美区三谷
679-4342　たつの市新宮町平野
669-6553　美方郡香美町香住区三谷
669-6747　美方郡新温泉町三谷
669-6746　美方郡新温泉町戸田
669-3157　丹波市山南町和田

669-4323 　丹波市市島町梶原

669-5377 　豊岡市日高町山田

669-2533 　丹波篠山市山田

669-3401 　丹波市春日町山田

奈良

633-0102 　桜井市三谷

633-0132 　桜井市和田

633-0045 　桜井市山田

633-2303 　吉野郡東吉野村平野

633-2131 　宇陀市大宇陀和田

和歌山

649-6433 　紀の川市西三谷

649-6434 　紀の川市中三谷

649-6435 　紀の川市東三谷

649-6602 　紀の川市平野

649-6432 　紀の川市古和田

649-6447 　紀の川市西山田

649-6441 　紀の川市東山田

649-7133 　伊都郡かつらぎ町三谷

649-6217 　岩出市山田

鳥取

680-1206 　鳥取市河原町三谷

680-1142 　鳥取市橋本

689-0523 　鳥取市青谷町山田

689-4502 　日野郡日野町三谷

689-4101 　西伯郡伯耆町小林

689-2343 　東伯郡琴浦町山田

美方郡にて、戸田が隣町でした。小林と最も近いのは、西

伯郡と東伯郡で、同じ郡ではなかったわけです。

松尾の地

　歴史上の人物ではどうなるかと思い、試みてみました。俳人の松尾芭蕉氏です。
　北村季吟氏に師事して俳諧の世界へ入りました。

　　028-7305　八幡平市松尾
　　028-7302　八幡平市松尾寄木
　　028-6814　二戸市浄法寺町北村
　　988-0309　気仙沼市本吉町津谷松尾
　　987-1103　石巻市北村
　　615-8216　京都市西京区松尾鈴川町
　　615-8213　京都市西京区上桂北村町
　　630-2203　山辺郡山添村松尾
　　630-1113　奈良市北村町
　　680-0224　鳥取市国府町松尾
　　680-1234　鳥取市河原町北村
　　680-1172　鳥取市北村
　　771-3202　名西郡神山町阿野（松尾）
　　771-0201　板野郡北島町北村

　京都市西京区において、目と鼻の先。次いで近いのが鳥取市です。
　天和の大火で庵を焼失し、甲斐国谷村藩の国家老高山伝右衛門に招かれ流寓。

　　296-0115　鴨川市松尾寺
　　297-0221　長生郡長柄町高山

940-0154　長岡市松尾

954-0205　長岡市西高山新田

528-0074　甲賀市水口町松尾

528-0048　甲賀市水口町高山

630-2203　山辺郡山添村松尾

630-0101　生駒市高山町

680-0224　鳥取市国府町松尾

689-1312　鳥取市佐治町高山

708-1512　久米郡美咲町松尾

708-0345　苫田郡鏡野町高山

795-0002　大洲市松尾

795-0024　大洲市高山

　元禄２年、弟子の河合曾良氏を伴って『おくのほそ道』の旅に出ました。河合氏は、高野七兵衛氏の長男です。

940-0154　長岡市松尾

940-2051　長岡市高野町

527-0019　東近江市八日市松尾町

527-0212　東近江市永源寺高野町

529-0274　長浜市高月町松尾

529-0221　長浜市高月町高野

625-0010　舞鶴市松尾

624-0832　舞鶴市高野台

701-1222　岡山市北区松尾

701-1142　岡山市北区高野

779-3502　吉野川市美郷松尾

779-3503　吉野川市美郷高野尾

778-0165　三好市池田町松尾

778-0206　三好市東祖谷高野

その他の芭蕉氏の弟子、姓が判明している人のみです。

室井其角氏（竹下東順氏の長男）

　805-0032　北九州市八幡東区松尾町

　805-0033　北九州市八幡東区山路松尾町

　805-0022　北九州市八幡東区竹下町

服部嵐雪氏

　680-0224　鳥取市国府町松尾

　680-0923　鳥取市服部

内藤丈草氏

　615-8283　京都市西京区松尾井戸町

　602-0063　京都市上京区内藤町

二人組の地

コブクロ

　491-0013　一宮市北小渕

　491-0014　一宮市南小渕

　493-0001　一宮市木曽川町黒田

　601-0775　南丹市美山町小渕

　601-0402　京都市右京区京北上黒田町

　601-0405　京都市右京区京北下黒田町

タッキー＆翼

　379-1124　渋川市赤城町滝沢

　379-2116　前橋市今井町

　959-2381　新発田市滝沢

　959-0515　新潟市西蒲区今井

　959-1905　阿賀野市滝沢

959-1141　三条市今井

959-1142　三条市今井野新田

B'z

399-2606　飯田市下久堅稲葉

399-0000　松本市

484-0898　犬山市羽黒稲葉西

484-0899　犬山市羽黒稲葉東

484-0086　犬山市松本町

510-0041　四日市市稲葉町

510-0836　四日市市松本

520-0065　大津市稲葉台

520-0807　大津市松本

アンガールズ

027-0002　宮古市山根町

027-0302　宮古市田老田中

018-3135　能代市二ツ井町山根

016-0149　能代市田中谷地

682-0023　倉吉市山根

682-0812　倉吉市下田中町

アンタッチャブル

989-1600　柴田郡柴田町

989-1212　柴田郡大河原町山崎町

612-8432　京都市伏見区深草柴田屋敷町

612-8367　京都市伏見区山崎町

いつもここから

370-0084　高崎市菊地町

370-0066　高崎市山田町

おぎやはぎ

507-0067　多治見市北小木町
509-7521　恵那市上矢作町
カラテカ
221-0014　横浜市神奈川区入江
244-0002　横浜市戸塚区矢部町
424-0831　静岡市清水区入江
424-0839　静岡市清水区入江岡町
424-0832　静岡市清水区入江南町
424-0865　静岡市清水区北矢部
424-0937　静岡市清水区北矢部町
424-0854　静岡市清水区中矢部町
424-0864　静岡市清水区南矢部
652-0894　神戸市兵庫区入江通
652-0005　神戸市兵庫区矢部町
キングコング
668-0871　豊岡市梶原
668-0332　豊岡市但東町西野々
コント山口君と竹田君
467-0873　名古屋市瑞穂区竹田町
461-0024　名古屋市東区山口町
709-4245　美作市竹田
707-0031　美作市山口
ＴＩＭ
010-1416　秋田市四ツ小屋末戸松本
010-0122　秋田市金足吉田
310-0052　水戸市松本町
310-0832　水戸市吉田
221-0841　横浜市神奈川区松本町

223-0056　横浜市港北区新吉田町

223-0058　横浜市港北区新吉田東

259-0155　足柄上郡中井町松本

258-0021　足柄上郡開成町吉田島

924-0057　白山市松本町

924-0837　白山市吉田町

606-8056　京都市左京区修学院松本町

606-8301　京都市左京区吉田泉殿町

652-0045　神戸市兵庫区松本通

652-0872　神戸市兵庫区吉田町

デンジャラス

945-1354　柏崎市佐藤池新田

945-1352　柏崎市安田

ナインティナイン

235-0021　横浜市磯子区岡村

244-0002　横浜市戸塚区矢部町

ブラックマヨネーズ

950-0203　新潟市江南区小杉

950-1257　新潟市南区吉田新田

ますだおかだ

942-0203　上越市頸城区上増田

942-0205　上越市頸城区中増田

942-0206　上越市頸城区下増田

942-0102　上越市頸城区岡田

南海キャンディーズ

602-8268　京都市上京区山里町

602-8036　京都市上京区西山崎町

オードリー

432-8046　浜松市中区春日町
432-8051　浜松市南区若林町
432-8052　浜松市南区東若林町
やるせなす
669-5367　豊岡市日高町石井
668-0254　豊岡市出石町中村
680-0202　鳥取市国府町石井谷
680-1175　鳥取市中村
756-0063　山陽小野田市石井手
756-0005　山陽小野田市中村
790-0931　松山市西石井
790-0932　松山市東石井
790-0964　松山市中村
794-0006　今治市石井町
794-0111　今治市玉川町中村
レギュラー
615-0852　京都市右京区西京極西川町
616-8116　京都市右京区太秦松本町
616-8256　京都市右京区鳴滝松本町
656-0424　南あわじ市榎列西川
656-0481　南あわじ市志知松本
アジアン
614-8127　八幡市下奈良隅田
614-8068　八幡市八幡隅田口
614-8085　八幡市八幡馬場
648-0012　橋本市隅田町芋生
648-0061　橋本市北馬場
648-0044　橋本市南馬場

　馬場園という地名はありませんが、隅田の近くに、しっかり馬場があります。

　クワバタオハラ

　　　029-4317　奥州市衣川桑畑

　　　028-0136　花巻市東和町小原

　　　637-1556　吉野郡十津川村桑畑

　　　637-1333　吉野郡十津川村小原

　ハリセンボン

　　　293-0046　富津市近藤

　　　292-0453　君津市箕輪

　同市内、同郡のみで合わせています。ハリセンボンのように、地名が少ない場合でも近いです。上三桁が同じで違う地を入れていくと、すごい数になります。

　その上三桁が近くで、違う地同士の二人組を、いくつか列挙してみます。

　プリンプリン

　　　300-2424　つくばみらい市加藤

　　　300-4244　つくば市田中

　　　342-0022　吉川市加藤

　　　341-0016　三郷市田中新田

　　　272-0124　市川市加藤新田

　　　270-2255　松戸市田中新田

　トータルテンボス

　　　987-0414　登米市南方町大村

　　　989-4524　栗原市瀬峰藤田

　　　828-0066　豊前市大村

　　　830-0064　久留米市荒木町藤田

　とろサーモン

987-2317　栗原市一迫久保田

989-1300　柴田郡村田町

963-8071　郡山市富久山町久保田

962-0622　岩瀬郡天栄村田良尾

博多華丸・大吉

370-3600　北群馬郡吉岡町

370-3311　吾妻郡東吾妻町岡崎

436-0115　掛川市吉岡

437-1312　袋井市岡崎

それぞれの地

『男はつらいよ』の山田洋次監督と渥美清（本名は田所）氏。

329-2331　塩谷郡塩谷町田所

329-2338　塩谷郡塩谷町風見山田

916-0003　鯖江市田所町

916-0203　丹生郡越前町山田

696-0225　邑智郡邑南町上田所

696-0222　邑智郡邑南町下田所

696-0313　邑智郡邑南町山田

792-0804　新居浜市田所町

792-0837　新居浜市山田町

861-3785　上益城郡山都町田所

861-3547　上益城郡山都町山田

田所の地名は十一箇所あり、そのうちの四箇所で同じ市内、郡内でした。

『わたしの城下町』や『瀬戸の花嫁』を作曲した平尾昌晃氏とそれらを歌った小柳ルミ子さん。

500-8832	岐阜市小柳町
501-3861	関市小柳町
501-0434	本巣郡北方町小柳
503-2111	不破郡垂井町平尾
510-0883	四日市市泊小柳町
512-1205	四日市市平尾町
600-8322	京都市下京区小柳町
612-8385	京都市伏見区下鳥羽小柳町
607-8354	京都市山科区西野小柳町
615-8256	京都市西京区山田平尾町
636-0216	磯城郡三宅町小柳
635-0822	北葛城郡広陵町平尾

『愛と死をみつめて』の河野實氏と大島みち子さん。

399-3311	下伊那郡豊丘村河野
399-3201	下伊那郡豊丘村河野（その他）
399-3304	下伊那郡松川町大島
399-3303	下伊那郡松川町元大島
678-1278	赤穂郡上郡町河野原
678-0052	相生市大島町
781-4226	香美市香北町河野
781-8111	高知市高須大島
879-1311	杵築市山香町内河野
880-0824	宮崎市大島町
872-0852	宇佐市安心院町上内河野
872-0842	宇佐市安心院町下内河野
871-0431	中津市耶馬溪町大島

石原裕次郎氏と北原三枝さん。

　981-4323　加美郡加美町石原
　981-4324　加美郡加美町北原
　370-0864　高崎市石原町
　370-3513　高崎市北原町
　620-0804　福知山市石原
　620-0327　福知山市大江町北原

北原さんの本名は、荒井なのですが…。

『キイハンター』の野添ひとみさんとレギュラー野際陽子さん。

　036-0326　黒石市野添町
　036-0542　黒石市野際

『傷だらけの天使』の萩原健一氏と水谷豊氏。

　939-2364　富山市八尾町水谷
　939-8261　富山市萩原
　651-2121　神戸市西区玉津町水谷
　651-1615　神戸市北区淡河町萩原
　689-0404　鳥取市鹿野町水谷
　689-5222　日野郡日南町萩原
　861-8064　熊本市北区八景水谷
　860-0832　熊本市中央区萩原町

　映画『1980アイコ十六歳』のオーディション、優勝は富田靖子さんで準優勝は松下由樹さん。製作総指揮は大林宣彦氏です。

　473-0902　豊田市大林町
　470-0304　豊田市富田町
　454-0993　名古屋市中川区富田町松下

　表記が、富田、松下の順でした。優勝の決め手は豊田市

だったのです。

　ゲームセンターで出会った丸山さんは、奇しくも渡辺美里さんのファンで、「ラヴィンユー大好きです」と言われていました。この曲の作曲は、岡村靖幸氏です。

　　　235-0021　横浜市磯子区岡村
　　　235-0011　横浜市磯子区丸山

　香取慎吾氏と草彅剛氏は、大の親友とのことです。

　　　453-0064　名古屋市中村区草薙町
　　　453-0055　名古屋市中村区香取町

『特捜最前線』第187話「終列車を見送る女！」の白井清子と正子姉妹。大石はるみさんと古田千鶴さん。

　　　781-3602　長岡郡本山町大石
　　　781-3607　長岡郡本山町古田

　重箱の隅を突つきます。

長坂の地

　脚本家の長坂秀佳氏とゆかりのあった人たちです。平山亨、橋本洋二、吉川進、小笠原猛、五十嵐文郎、天野利彦、高橋正樹、福沢諭吉、吉田茂、會川昇（本名は会川）、都築孝史、広井由美子、山崎修、武部直美、藤田明二、平松正樹、藤井政志、敬称略。

　青森

　　　036-8344　弘前市長坂町
　　　036-8233　弘前市山崎
　　　036-0201　平川市李平上山崎
　　　036-0201　平川市李平西山崎

036-1435　弘前市吉川

036-1442　弘前市平山

036-0122　平川市尾崎平山

036-0132　平川市唐竹平山

039-2602　上北郡東北町五十嵐

038-3123　つがる市木造藤田

039-0804　三戸郡南部町高橋

039-2311　上北郡六戸町上吉田

039-2312　上北郡六戸町下吉田

039-2573　上北郡七戸町野 続

秋田

018-3504　大館市長坂

018-0853　由利本荘市長坂

018-2619　山本郡八峰町八森長坂

018-4601　北秋田市阿仁吉田

018-3105　能代市二ツ井町上山崎

019-2431　大仙市協和峰吉川

019-0402　湯沢市相川

福島

964-0075　二本松市永田（長坂国有林）

964-0948　二本松市橋本

963-8841　郡山市山崎

963-7748　田村郡三春町山崎

966-0932　喜多方市上三宮町吉川

969-3101　耶麻郡猪苗代町長坂

969-6241　大沼郡会津美里町吉田

969-4107　喜多方市山都町相川

969-5333　南会津郡下郷町合川

969-6517　河沼郡会津坂下町合川^{あいかわ}

969-1761　伊達郡国見町藤田

961-8021　西白河郡西郷村長坂

960-1404　伊達郡川俣町西福沢

960-1405　伊達郡川俣町東福沢

栃木

327-0524　佐野市長坂町

327-0045　佐野市高橋町

328-0026　栃木市藤田町

325-0043　那須塩原市橋本町

神奈川

224-0063　横浜市都筑区長坂

221-0053　横浜市神奈川区橋本町

223-0056　横浜市港北区新吉田町

223-0058　横浜市港北区新吉田東

240-0101　横須賀市長坂

244-0817　横浜市戸塚区吉田町

243-0300　愛甲郡愛川町

新潟

959-3931　村上市長坂

959-2715　胎内市高橋

959-1856　五泉市山崎

959-1919　阿賀野市山崎

959-0313　西蒲原郡弥彦村山崎

958-0808　村上市上相川

958-0809　村上市下相川

949-3425　上越市吉川区長坂

942-0277　上越市三和区広井

　949-2215　　妙高市橋本新田

　949-4317　　三島郡出雲崎町吉川

　949-8406　　十日町市山崎

　952-1543　　佐渡市相川長坂町

　952-3115　　佐渡市平松

　952-1501　　佐渡市下相川

　950-1134　　新潟市江南区天野

　943-0139　　上越市天野原新田

　949-6434　　南魚沼市天野沢

　949-7507　　北魚沼郡川口相川

石川

　921-8112　　金沢市長坂

　921-8114　　金沢市長坂町

　921-8115　　金沢市長坂台

　921-8811　　石川郡野々市市高橋町

　922-0337　　加賀市合河町（あいかわ）

　924-0841　　白山市平松町

山梨

　408-0021　　北杜市長坂町長坂上条

　408-0025　　北杜市長坂町長坂下条

　408-0202　　北杜市明野町小笠原

　408-0114　　北杜市須玉町藤田

兵庫

　651-2104　　神戸市西区伊川谷町長坂

　669-1355　　三田市長坂

　669-5358　　豊岡市日高町広井

　669-5333　　豊岡市日高町藤井

　669-3132　　丹波市山南町山崎

669-4133　丹波市春日町平松

670-0992　姫路市福沢町

鳥取

682-0835　倉吉市長坂町

859-3201　佐世保市平松町

856-0035　大村市武部町

熊本

861-0534　山鹿市長坂

861-0381　山鹿市藤井

861-0316　山鹿市鹿本町下高橋

861-8012　熊本市東区平山町

861-3245　上益城郡甲佐町吉田

861-1362　菊池市七城町山崎

861-4305　宇城市豊野町山崎

861-1309　菊池市藤田

　弟子の会川氏ですが、会川の地名が無いので、本家である相川を合わせています。合河などの分流も近くにありました。

　誰だかわからない時は、ネット検索かウィキペディアをごらん下さい。

　吉田茂氏は、映画『小説吉田学校』の脚本を手がけられています。福沢諭吉氏は、小説『嵐学の時代』の主人公でした。

682-0836　倉吉市長坂新町

682-0146　東伯郡三朝町高橋

682-0133　東伯郡三朝町吉田

683-0023　米子市橋本

680-0746　八頭郡若桜町吉川

愛媛
　　799-2310　今治市菊間町長坂
　　799-1372　西条市吉田
　　798-4102　南宇和郡愛南町御荘平山
　　794-0861　今治市五十嵐
　　794-0066　今治市高橋
高知
　　781-1764　吾川郡仁淀川町長坂
　　781-3408　土佐郡土佐町相川
　　781-4645　香美市物部町山崎（桑ノ川）
　　781-4402　香美市物部町山崎（その他）
長崎
　　858-0921　佐世保市長坂町
　　859-6101　佐世保市江迎町長坂
　　859-6313　佐世保市吉井町上吉田

岡崎の地

　中学時代、岡崎友紀さんのファンで、ファンクラブにも入っていました。
　岡崎さんですが、1986年に岩倉健二氏と再婚しましたが、2005年に離婚しました。愛知県内に岡崎市と岩倉市がありますが、かなり離れています。
　『おくさまは18歳』の役名が高木飛鳥で、のちに作詞の際のペンネームとして使用されていました。
　　036-0211　平川市高木岡崎
　『ママはライバル』での早乙女ツバサの父親役が高橋悦史氏

です。『なんたって18歳！』の役名は青木まどか。

444-0231　岡崎市高橋町

444-2131　岡崎市青木町

歌った曲は『鳩時計は唄わない』と『北上川』です。

024-0076　北上市鳩岡崎

別れの地

明石家さんま（本名杉本）氏と大竹しのぶさん。

602-8246　京都市上京区杉本町

606-8373　京都市左京区杉本町

612-8231　京都市伏見区杉本町

604-8851　京都市中京区壬生上大竹町

604-8852　京都市中京区壬生東大竹町

604-8856　京都市中京区壬生西大竹町

大竹が中京区に三箇所に対して、杉本は別の三区にあります。そして、京都市しか合っていないカップルでした。

小室哲哉氏と華原朋美（本名は下河原）さん。

400-0512　南巨摩郡富士川町小室

400-0068　甲府市下河原町

合うのは、ここだけです。

千葉真一（本名は前田）氏と野際陽子さん。

036-0221　平川市中佐渡前田

036-0542　黒石市野際

989-6172　大崎市古川前田町

989-6712　大崎市鳴子温泉野際

大崎市で近いですが、合う箇所が少なかったようです。

中村昌也氏と矢口真里さん。

　　232-0033　横浜市南区中村町

　　231-0831　横浜市中区矢口台

区が違っていました。

シンクロニシティな地

『坊っちゃん』の舞台となった松山市。

　　799-2437　松山市夏目

　作者の夏目氏は、一年間この地で教師生活をおくっていますが、そこに夏目がありました。

　岡本正氏は『北鎌倉』を歌いました。

　　247-0072　鎌倉市岡本

　地図で見ると、岡本は鎌倉市の北にあります。

　矢田亜希子さんの所属事務所は、トヨタオフィスです。

　　750-0424　下関市豊田町矢田

　矢田さんのデビュー作は『愛していると言ってくれ』の榊栞役で、主演女優は常盤貴子さんです。

　　971-8131　いわき市常盤上矢田町

　　970-1146　いわき市好間町榊小屋

　松下由樹さん、北海道生まれで名古屋市笠寺育ちです。

　　457-0051　名古屋市南区笠寺町

　　457-0808　名古屋市南区松下町

　深田恭子さんの役名で、『富豪刑事』は神戸美和子。『そして、友だち』は田村優。『フードファイト』は田村麻奈美。『ストロベリー・オンザ・ショートケーキ』は入江唯。

　　657-0038　神戸市灘区深田町

963-7773　田村郡三春町深田和

652-0894　神戸市兵庫区入江通

　母が納豆嫌いで食卓に並びませんでした。自分で買って食べてみると、無理なく食べられました。水戸納豆というわけです。

311-4201　水戸市藤井町

　水戸市に正本はないのです。

　週刊ポストの「弘兼憲史の回文塾」の初代名人は藤田弓子さんで、二代目名人はこの私です。名人になった号の表紙は菊川怜さんでした。

649-1341　御坊市藤田町藤井

　ブルボンの懸賞で、菊川さんのテレフォンカードが当たりました。ブルボンの本社は柏崎市です。

945-0114　柏崎市藤井

945-0011　柏崎市松波

田中の地

　藤井に対して、田中という姓が合うのは、以下の三箇所です。

945-0816　柏崎市田中

939-1704　南砺市田中

700-0951　岡山市北区田中

　田中という姓の女性に対して、とても気を惹かれているのも、これ故です。

　キンタロー。さんが好きなのですが、本名が田中美保さんです。『超電子バイオマン』で二代目イエローフォーの矢吹

ジュンを演じたのが田中澄子さん。あとは、麻木久仁子さんが好きです。本名が松本で、旧姓が田中なのでした。

　代行運転時代に、二人の田中（男性）と出会っていますが、二人とも気が合っていました。

　一人目のビビビ女性、小野さんと出会った同じ時期に、倉敷市在住の田中Ｙ子さんと、スナック『ルーマ』で出会っていました。お互いに惹かれるものがありました。

　キャンディーズの故・田中好子さんもとても好きでした。

　トータルで見ると、田中という姓の人とはとても気が合います。

　自分が女性だったら、田中直樹氏や田中裕二氏のファンになっていたと考えられます。

　田中裕二氏と山口もえさんの糸です。

　　　945-0816　　柏崎市田中
　　　945-1116　　柏崎市山口

藤井の地

　19歳の頃に、交際していたのが升田さん。
　　　703-8213　　岡山市東区藤井
　　　704-8163　　岡山市東区升田
　平成Ｘ年、ある病気で入院しました。気を惹かれた看護師が堀内さん。にこやかに接してくれました。
　　　444-1164　　安城市藤井町
　　　444-1155　　安城市堀内町
　古い友人が松岡氏です。
　麻雀仲間は、杉山氏と佐古氏です。

919-1311　三方上中郡若狭町藤井

919-1551　三方上中郡若狭町杉山

919-1335　三方上中郡若狭町佐古

行きつけのファミリーレストランのウェイトレスさんが林さんで、よく話します。とても綺麗な方です。

761-8024　高松市鬼無町藤井

761-0301　高松市林町

平成27年、痔の手術で入院。通院して、受付にいたのが平田さんで、ウフフ的な感じで話しかけてくれました。

290-0012　市原市藤井

290-0053　市原市平田

現在、勤めている会社にいたのが福光氏、彼は退社しましたが、その後もつきあいがあり、一緒に後楽園や池田動物園に行きます。

939-1923　南砺市下梨の藤井

939-1610　南砺市福光

出会ったうちのすべて違う場所の藤井でした。これからの出会いも楽しみです。

過去と未来の地

小学校の卒業文集に「僕はタイムマシンを作って、過去、未来を旅行してみたい」という非現実的なことを書きました。どうやらこれは、今回の発見のことだったようです。

日本国内にある全ての地名は過去のものです。しかしそこに、未来に出会い、友人や恋人、結婚に至る人の姓が示されていたわけです。

　ビビビを追っていたら、それとはまた別の発見をしました。まさしく世紀末の郵便番号が七桁になった翌年のことでした。これまでの相性占いの全てがくつがえったわけです。

　相性占いを誰に頼ることもなく、自らの手で行うことが可能になりました。郵便番号簿が無料の占い本になるわけですから、お持ちでない人は、すぐに貰いに行きましょう。

　自分の姓と同じ地名が第一歩です。あとは隔世遺伝ということで、祖母の姓も知る必要があります。里中満智子先生のファンの私ですが、藤井と里中で合う地はありません。ところが、大平を引っ張ってくると、こういうことになります。

　　807-0846　　北九州市八幡西区里中

　　807-0083　　北九州市八幡西区大平

　　807-0084　　北九州市八幡西区大平台

　二箇所もあるわけで、これはコミックスを買うわけです。

　藤井における、南砺市下梨や丹波篠山市福井のように、地名を組み合わさずとも存在したパターンも調べた方が良いでしょう。図書館に家系辞書があります。

　一文字の姓の人は、かなり大変です。一都道府県別に、地道にやって下さい。「市」の付く姓の人も同様です。他には、久保ですが久保田や大久保も拾ってしまいますので、拾い集めるのに時間がかかります。

　地名が存在しない姓の人は、本家を探してみて下さい。二つの姓の組み合わせで追ってみましょう。サイトは、以下のところがよいです。

　　http://www.Yuubinbangou.com/

　平成の大合併で消えた地名があります。一例として挙げてみます。

　　849-5131　　唐津市浜玉町浜崎

　合併前は、東松浦郡浜崎玉島町で、さらに明治の頃は、松浦郡浜崎村でした。浜崎あゆみさんとエイベックスの松浦勝人氏の地だったわけで、現在は見つからないわけです。

　郵便番号の上三桁が同じ人と合います。あとは、誤差３〜５位でしょうか。

　インターネットのマピオンの地図が便利です。隣接する東西南北をチェックして、探してみて下さい。市や郡の面積により、反応する箇所が異なります。郵便番号簿を用いまして自分の姓のある市と郡のページをコピーすると、自分だけの占い本が出来上がります。

　二十五年近く、旅行に出たことがないのですが、現在やってみたいのは、藤井の地、そして存在していた地を訪ねることです。韮崎市の時のように、郷愁を感じるでしょうか。

　すべての姓に反応するとも限りません。それは、顔が母親似であったりする場合でしょう。私の場合、中学二年の時の同じクラスだった上野さんを見逃しています。

　他に知りたいと思うのは、「秋山居士」のような姓＋居士のパターンは、姓を暗示しているのかどうかということです。そしてそれは世の中にどの位あるのでしょう。運命でしょうか、本書の出版元である文芸社に秋山氏がいらっしゃった。

エピローグ

　セレンディピティとは、素敵な偶然に出会ったり、予想外のものを発見すること。また何かを探しているときに、探しているものとは別の価値があるものを偶然見つけること。平

たくいうと、ふとした偶然をきっかけに、幸運をつかみ取ることである。（ウィキペディアより）

　探しているもの…ビビビ。

　ふとした偶然…水戸市藤井町と水戸市笠原町。

　秋山は十七箇所ですが、秋山豊寛氏によって宇宙に一箇所増えたとか。とすれば、現在いくつかの地が宇宙にあります。山崎直子さんは、千葉県松戸市出身です。

　　270-2223　松戸市秋山

　そして「秋山居士」の子孫にも反応したのでしょうか。

　映画『宇宙からのメッセージ』が好きで、ビデオソフトを購入していました。

あとがき

本書は2016年4月に『大地のセレンディピティ占い』という題名で、文芸社様より自費出版したものを題名を変え、新たに出版したものです。

前回は全く売れなかったのですが、今回はどうでしょうか？『大地のセレンディピティ占い』で、検索して頂きますと、表紙の絵を見れます。前回が和風だったので今回は洋風のイメージです。

横書きなのは、郵便番号を縦に書く習慣がないからです。発見当時、奇しくも郵便番号が七桁になり、それが近さを示す重要なポイントになっています。

地名については、都道府県を全て略しています。書くのが面倒なのと、それを付けると、二行になる地名が発生したりして、無駄になることがあるからです。

京都などは付けなくても二行になったりしますが、あまり縁がなかったです。

四十代で見つけたものですが、これを読んだことにより十代で知る人もいます。

令和元年の十月の台風で、水戸市藤井町が大変なことになりました。こんな形で、藤井町の風景を見ることになるとは思いませんでした。笠原町はどうだったのでしょうか？

感想や質問などは、文芸社様あてでお願いします。

以下の方々、読んでいらっしゃいましたら、是非ご連絡ください。

小川亜紀様、丸山みどり様、古田千鶴様、そしてTICに

いらっしゃった福永明子様、藤原千歳様。

著者プロフィール

藤井　政志（ふじい　まさし）

1959年2月22日生まれ、血液型B型。
岡山県岡山市在住。

発見・運命の赤い糸

2020年4月15日　初版第1刷発行

著　者　藤井　政志
発行者　瓜谷　綱延
発行所　株式会社文芸社
　　　　〒160-0022　東京都新宿区新宿1−10−1
　　　　　　　　電話　03-5369-3060　（代表）
　　　　　　　　　　　03-5369-2299　（販売）

印　刷　株式会社文芸社
製本所　株式会社MOTOMURA

ISBN978-4-286-21490-0